20
25

DANIELA BRAGA **PAIANO**

CB042750

PREFACIADO
PELO PROFESSOR **EDUARDO**
TOMASEVICIUS FILHO

MULTI**PARENTALIDADE**

ESPAÇOS EM CONSTRUÇÃO

DE ACORDO COM A PROPOSTA DE ALTERAÇÃO DO CÓDIGO CIVIL

EDITORA
FOCO

Dados Internacionais de Catalogação na Publicação (CIP) de acordo com ISBD

P142m   Paiano, Daniela Braga
        Multiparentalidade: espaços em construção / Daniela Braga Paiano. - Indaiatuba, SP : Editora Foco, 2025.

        124 p. ; 16cm x 23cm.

        Inclui bibliografia e índice.

        ISBN: 978-65-6120-250-3

        1. Direito. 2. Direito de família. 3. Multiparentalidade. I. Título.

2024-4631   CDD 342.16   CDU 347.61

Elaborado por Odilio Hilario Moreira Junior - CRB-8/9949

Índices para Catálogo Sistemático:

1. Direito de família 342.16

2. Direito de família 347.61

DANIELA BRAGA **PAIANO**

PREFACIADO
PELO PROFESSOR **EDUARDO
TOMASEVICIUS FILHO**

MULTI**PARENTALIDADE**

ESPAÇOS EM CONSTRUÇÃO

DE ACORDO COM A PROPOSTA DE ALTERAÇÃO DO CÓDIGO CIVIL

2025 © Editora Foco

Autora: Daniela Braga Paiano
Diretor Acadêmico: Leonardo Pereira
Editor: Roberta Densa
Coordenadora Editorial: Paula Morishita
Revisora Sênior: Georgia Renata Dias
Revisora Júnior: Adriana Souza Lima
Capa Criação: Leonardo Hermano
Diagramação: Ladislau Lima e Aparecida Lima
Impressão miolo e capa: META BRASIL

Impresso no Brasil (1.2025) – Data de Fechamento (1.2025)

2025
Todos os direitos reservados à
Editora Foco Jurídico Ltda.
Rua Antonio Brunetti, 593 – Jd. Morada do Sol
CEP 13348-533 – Indaiatuba – SP

E-mail: contato@editorafoco.com.br
www.editorafoco.com.br

SOBRE A AUTORA

Daniela Braga Paiano

Pós-doutora e Doutora em Direito Civil pela Faculdade de Direito da Universidade de São Paulo (USP). Professora adjunta no departamento de Direito Privado e do Programa de Mestrado e Doutorado em Direito na Universidade Estadual de Londrina (UEL). Coordenadora da Pós-Graduação de Direito de Família e Sucessões da UEL e coordenadora do Projeto de Pesquisa Contratualização das Relações Familiares e Sucessórias. Associada ao Instituto Brasileiro de Direito de Família – IBDFAM e ao Instituto Brasileiro de Responsabilidade Civil – IBERC. Endereço eletrônico: danielapaiano@hotmail.com.

A Deus por me permitir tanto nesta caminhada da vida.

Ao meu supervisor de estágio pós-doutoral, Professor Doutor Associado Eduardo Tomasevicius Filho, a quem tenho uma imensa admiração tanto pela sua inteligência como pela sua humildade e por ser esse professor fantástico, sempre pronto para ajudar seus alunos; aos membros da banca de defesa - Professora Doutora Silmara Juny de Abreu Chinelatto, Professor Doutor Carlos Alberto Dabus Maluf e Professor Doutor Luciano Anderson de Souza, minha eterna gratidão. Ao Professor Doutor Álvaro Villaça Azevedo, meu orientador de doutorado e a todos os demais professores da Universidade de São Paulo por me permitem tanto, bem como aos funcionários, sempre tão solícitos. À Faculdade de Direito da Universidade de São Paulo por me acolher e me receber como sua aluna, permitindo o contato com professores tão incríveis e importantes.

À Universidade Estadual de Londrina, meu local de trabalho, uma incentivadora das minhas pesquisas; ao Programa de Mestrado e Doutorado em Direito Negocial e ao Departamento de Direito Privado do Curso de Direito da UEL, em especial aos chefes que tenho e tive, que sempre estiveram ao meu lado em meus projetos. Aos colegas de trabalho, em especial à Profa. Dra. Rita de Cássia R. T. Espolador, que cotidianamente me ensina a ser um ser humano melhor e a todos os funcionários da Universidade que não medem esforços para fazer o melhor em prol da Universidade. Obrigada Magnífica Reitora, Profa. Marta Fávaro por ser essa mulher potente! Aos meus alunos da graduação, pós, mestrado e doutorado, pela troca de experiências e ensinamentos cotidianos.

À Instituição Toledo de Ensino de Presidente Prudente, casa em que me formei, faço meus agradecimentos na pessoa do querido Reitor Prof. Dr. Sérgio Tibiriça e ao querido professor, Desembargador Dr. Eduardo Gesse!

Aos amigos que a pesquisa me trouxe – amigos da USP, da REFAM, do IBDFAM, Grupo de Pesquisa IBDFAM/USP, as Civilistas, IBERC, Projeto de Pesquisa Contratualização das Relações Familiares e Sucessórias e dos Negócios Biojurídicos e a tantos outros que os Congressos me trouxeram, como o de Camerino, na Itália. Às advogadas e advogados, potentes, que lutam, cotidianamente, pelo Direito das Famílias!!! Vocês fazem acontecer!!

Às editoras, por publicarem meus escritos.

Ao meu esposo, Daniel Diniz da Costa, um incentivador dos meus estudos e ao meu filho Lucas, pela nossa família.

Ao Matheus F. de Queiroz, por incentivar esta publicação.

Minha eterna gratidão!

Ao Daniel, por me apoiar em meus projetos de vida.
Ao Lucas, por me dar o meu melhor título, o de 'mamãe'.

APRESENTAÇÃO

Este livro é fruto de uma pesquisa realizada no período de 1º.08.2021 a 25.07.2022, em estágio Pós-Doutoral na Faculdade de Direito da Universidade de São Paulo – USP, sob a supervisão do Professor Doutor Eduardo Tomasevicius Filho.

Este estágio de pós-doutorado foi realizado no período da pandemia, o que me permitiu participar das aulas de graduação em direito de família e sucessões em que o Professor Eduardo era regente, o que contribui ricamente com o desenvolvimento da pesquisa.

Durante este período, foram publicados trabalhos acadêmicos relacionados ao tema principal, conforme exigência da USP. Ao final, o trabalho foi defendido e aprovado perante uma banca examinadora composta por mais três professores da Faculdade de Direito da USP: Profa. Silmara J. de Abreu Chinelatto, Prof. Carlos Alberto Dabus Maluf e Prof. Luciano Anderson de Souza.

Após um amadurecimento do tema e agora com a possibilidade de reforma do Código Civil, resolvi publicar o livro com esse diferencial.

A obra está dividida em quatro partes. Inicialmente, trata da chegada do tema da multiparentalidade ao STF, seu julgamento e, por meio de análise de julgados, qual a tendência jurisprudencial. Na sequência, analisa-se a extrajudicialidade do reconhecimento multiparental, os provimentos do CNJ e alguns dados estatísticos. Trata, em seguida, de questões que estão em aberto, para, ao final, analisar a proposta de alteração do Código Civil no que diz respeito ao reconhecimento, de forma expressa, da multiparentalidade.

Este livro analisa o estado da arte da multiparentalidade, não apenas como uma forma de continuidade do estudo de doutorado defendido em 2016, mas analisa as premissas básicas anteriores ao julgamento da tese no STF com seus desdobramentos e aspectos jurisprudenciais.

É uma obra que pode ser útil aos operadores do Direito como também de ouras áreas que desejam se aprofundar no tema.

A multiparentalidade, como mais uma forma de reconhecimento de filiação, acolhe as alterações vivenciadas nos núcleos familiares e permite uma visão mais sensível do que é uma relação de filiação e parentesco.

Espero que apreciem a obra.

Londrina, outubro de 2024.

A autora.

PREFÁCIO

A formação de mestres e doutores é um dos objetivos da universidade. Inicia-se com o mestrado, pelo qual se avalia a capacidade da pessoa em sintetizar o estado da arte em relação a determinado assunto. Conclui-se com o doutorado, em que se espera a contribuição da pessoa para a ciência, assim como a torna reconhecida como pesquisador independente.

Pelo fato de que o conhecimento está sempre em transformação, e quem gosta de estudar, sempre quer continuar se aprimorando, existem possibilidades institucionais para que se prossiga nessa caminhada. O estágio pós-doutoral tem justamente essa finalidade: permite o desenvolvimento de uma pesquisa nova ou até mesmo completar e atualizar o que se produziu na tese de doutorado.

Este é o caso da Doutora Daniela Braga Paiano, professora da Universidade Estadual de Londrina, onde exerce seu ofício com dedicação e brilhantismo. Ela tornou-se doutora em direito civil na Faculdade de Direito da Universidade de São Paulo em 2016 sob orientação do Professor Álvaro Villaça Azevedo com o tema da multiparentalidade, quando este era relativamente desconhecido. Nesse sentido, Daniela desenvolveu pesquisa pioneira.

Anos depois, em 2021, Daniela resolveu retornar à Universidade de São Paulo para participar de estágio pós-doutoral em direito civil, desta vez sob minha supervisão. A despeito de ter sido realizado em um período de grande tristeza, por conta da pandemia de COVID-19, em que todos permanecíamos isolados em casa, Daniela dedicou-se com afinco às atividades obrigatórias do programa. Destaco que ela participou da disciplina de direito de família e sucessões, ministrada online. Foi uma experiência enriquecedora, por conta do entrosamento que surgiu espontaneamente durante as aulas. Eu explicava o tópico na sala virtual e ela pedia a palavra para fazer intervenções precisas e ricas. Depois invertíamos: eu concedia a palavra para que ela explicasse determinado tópico e eu brincava que estava "no fundo da sala", aprendendo e fazendo perguntas a ela. Aliás, não posso deixar de destacar a participação do Lucas, seu querido filho, no início das aulas, em que ele aparecia por alguns minutos no vídeo para cumprimentar a todos, e o carinho com que ela tratava os nossos alunos naquele período, ajudando-me no atendimento deles de forma remota. Daniela participou de várias bancas de TCC enquanto examinadora externa, e organizou comigo uma obra coletiva junto com a Profa. Mariana Alves Lara, minha orientanda de doutorado que hoje também exerce o magistério com dedicação e brilhantismo na UFMG.

Como requisito para a conclusão do estágio pós-doutoral, deve apresentar-se uma pesquisa na forma de artigo e também de uma monografia. Daniela resolveu prosseguir com os estudos sobre multiparentalidade. O artigo foi publicado na prestigiosa revista Civilistica.com. A monografia agora está nas mãos do leitor. Esse trabalho, bastante prático e objetivo, discorre sobre os entendimentos mais recentes sobre o tema, uma vez que, desde a defesa do doutorado de Daniela, a multiparentalidade foi enfrentada pelo Supremo Tribunal Federal, e posteriormente regulamentada pelo Conselho Nacional de Justiça, por meio das Resoluções do CNJ 63 e 83, de 2017 e 2019, respectivamente. Com a possível reforma do Código Civil, estará consagrada no nosso principal diploma legal. Além disso, este texto recebeu complementação, ao discorrer acerca da questão das inseminações caseiras, que, ao que parece, tem sido um dos seus temas atuais de reflexão acadêmica.

Enfim, foi uma honra ter atuado como supervisor de pós-doutorado de Daniela. Eu poderia considerar-me um segundo pai acadêmico, em espécie de multiparentalidade com o Prof. Álvaro Villaça Azevedo. Mas não: acredito ser mais preciso falar de fraternidade socioafetiva, uma vez que todo esse trabalho durante o estágio pós-doutoral levou ao fortalecimento de nossa amizade e a uma frutífera parceria acadêmica entre a Universidade Estadual de Londrina com a Universidade de São Paulo, pela participação recíproca em eventos, publicações, grupos de pesquisa e bancas examinadoras.

Espero que o leitor aprecie essa pesquisa e desejo à Daniela muitas felicidades com mais esta publicação!

Eduardo Tomasevicius Filho

Professor Associado do Departamento de Direito Civil da Faculdade de Direito da Universidade de São Paulo.

SUMÁRIO

INTRODUÇÃO

A multiparentalidade é a possibilidade jurídica de uma pessoa ter em seu registro múltiplos vínculos parentais – biológico e socioafetivo, estampando, deste modo, sua realidade de vida. Com ela, o parentesco deixa de ser apenas biológico ou socioafetivo e permite um novo olhar, mais inclusivo para as famílias. Teve início em casos que chegaram ao judiciário no ano de 2012, abrangendo o parentesco para além da monoparentalidade e biparentalidade, desencadeando casos de multimaternidade e multipaternidade.

Este trabalho tem como objeto de estudo os aspectos contemporâneos da multiparentalidade, mostrando a possibilidade de avanço na temática diante de espaços em construção. O marco temporal é o julgamento do TEMA 622 da Repercussão Geral pelo STF, que reconheceu a possibilidade jurídica da multi-parentalidade. O assunto chegou ao Supremo Tribunal Federal pelo julgamento do Recurso Extraordinário 898.060, proveniente de Santa Catarina. Com o julgamento, admitiu-se a tese de que é possível ter em um mesmo registro a filiação socioafetiva e a biológica, gerando os efeitos jurídicos desse reconhecimento.

Pode-se mencionar, como consequência do julgamento, a garantia da igualdade jurídica dos filhos e a não hierarquização entre as espécies de filiação (biológica e socioafetiva), garantindo os efeitos que decorrem desse reconheci-mento, servindo, tais argumentos, como premissas para o julgamento favorável, em especial o da paternidade responsável. Será aqui examinado que em situações de multiparentalidade, não é o caso de sobreposições de vínculos parentais, de modo a prevalecer um ou outro, mas sim de reconhecimentos concomitantes, como consequência de que não pode haver hierarquia entre as espécies de filiação e nem entre as espécies de paternidade.

O estudo propõe a análise das consequências desse julgamento na esfera judicial, trazendo como primeiro capítulo a multiparentalidade judicial, para em seguida tratar dos provimentos do CNJ que regulamentam o tema e permitem seu reconhecimento na esfera extrajudicial. Trata de situações que ainda estão em aberto e que permitem uma evolução da temática. Ao final, aborda a proposta de alteração do Código Civil no que diz respeito ao objeto desta pesquisa. Tem como objetivo geral analisar a evolução da multiparentalidade e como objetivo específico verificar as razões para a fixação da tese e como ela refletiu em casos julgados pelo STJ e no Tribunal de Justiça de São Paulo, escolhido para fazer uma análise quantitativa de casos no período de agosto de 2020 a agosto de 2021.

Dessa pesquisa, será mostrado quais ações envolvem a multiparentalidade, quem são as pessoas que pedem esse reconhecimento, qual o resultado alcançado por tais demandas, se foram procedentes, improcedentes ou anuladas e por quais motivos algumas foram sem êxito, a fim de se chegar a um percentual final de casos de multiparentalidade em um contexto de demandas que envolvem a paternidade ou o parentesco.

Percorrendo o caminho evolutivo do tema, na elaboração do segundo capítulo, estuda-se o incentivo da extrajudicialização de determinados assuntos, como o da paternidade socioafetiva. Esta surgiu em decorrência do Provimento 63 de 2017 do CNJ possibilitar seu reconhecimento em cartório, por consequência, possibilitou-se o reconhecimento da multiparentalidade. O objetivo será analisar os avanços dessa permissão do reconhecimento da multiparentalidade na esfera extrajudicial, trazendo aqui os principais aspectos dos Provimentos 63 de 2017 e 83 de 2019, que regulamentam o reconhecimento da paternidade e maternidade socioafetiva em cartório, a multiparentalidade nesse cenário e sua utilização prática. Extrairá dados do portal da transparência de registro civil para mostrar o número de registros de nascimentos, os pais ausentes e os reconhecimentos de filhos em cartório no período de agosto de 2020 a 2021, na cidade de Londrina e no Estado de São Paulo.

Tratará de assuntos específicos e polêmicos que envolvem a multiparentalidade para mostrar que existem espaços que permitem ainda uma evolução do tema e, por consequência, uma necessária adequação da lei nessas situações e ao final, abordará a proposta de alteração do Código Civil no que diz respeito à multiparentalidade.

A problemática encontra-se em saber quais efeitos práticos o julgamento do STF trouxe, tanto na esfera judicial quanto extrajudicial, e se, na prática, a multiparentalidade está sendo utilizada ou não. Por isso, a utilização de análise de dados do Tribunal de Justiça de São Paulo no período de um ano e dados extraídos do portal da transparência para saber sobre o reconhecimento espontâneo de filhos, bem como contato com cartórios nas cidades de Londrina e Maringá.

O estudo se justifica para que os espaços ainda em aberto da multiparentalidade possam ser construídos de acordo com a realidade do tema, em especial pela análise dos julgados aqui levantados.

Além de uma utilização de revisão bibliográfica mais atual do assunto (após o julgamento pelo STF), o trabalho faz uso também de análise jurisprudencial e coleta de dados por meio do portal da transparência sobre o reconhecimento espontâneo de filhos, utilizando-se do método dedutivo.

Mostra pontos que ainda estão em discussão e propõe algumas alterações legislativas com o intuito de pacificar pontos polêmicos e trazer uma maior segurança jurídica.

Por fim, traz alguns documentos práticos em anexo, tais como a primeira sentença que reconheceu a multiparentalidade no Brasil, com o caso de Ariquemes e documentos usados para o reconhecimento extrajudicial de filiação.

1
DA MULTIPARENTALIDADE JUDICIAL

Denominou-se este primeiro capítulo como "da multiparentalidade judicial" para diferenciá-lo do segundo, que abordará o instituto na esfera extrajudicial. Será dividido nas seguintes partes: a primeira, que mostrará o que é a multiparentalidade, quais os primeiros casos que ocorreram no Brasil, a evolução da temática até a chegada no Supremo Tribunal Federal com o RE 898.060, ou seja, os antecedentes da fixação do Tema 622; a segunda parte abordará o Recurso Extraordinário no STF, com análise dos votos – prevalecentes e vencidos; ao final, será feita uma análise das consequências da tese, analisando seus reflexos no Superior Tribunal de Justiça e no Tribunal de Justiça de São Paulo – Tribunal escolhido como base de dados nos períodos de agosto a dezembro de 2020 e de janeiro a agosto de 2021 para ver a evolução da temática. Justifica-se a escolha desse período para poder ser realizada uma análise quantitativa de dados no período de um ano antes do início do estágio pós-doutoral, que permitiu essa pesquisa e a construção desse livro.

1.1 OS ANTECEDENTES DA TESE

Preceitua o Código Civil em seu art. 1593 que o parentesco é natural (biológico) ou civil (de outra espécie, como a adoção). Seguindo uma 'tradição' civilista, o parentesco, para o Código Civil, é visto de forma excludente, e, por consequência, a filiação também o é: ou a filiação advém de laços biológicos ou da lei. Esta 'tradição civilista' é fruto de uma sociedade patriarcal, na qual apenas os filhos advindos de uma relação matrimonializada é que poderiam ser reconhecidos. Os demais, não tinham nenhum direito e ficavam marginalizados. Com o passar do tempo, a legislação avança e começa-se a permitir o reconhecimento de filhos de relações extramatrimoniais. Com o advento da Constituição Federal de 1988, essa desigualdade é rechaçada, dando lugar à igualdade jurídica dos filhos.

Nesse contexto, o matrimônio dava ensejo a uma presunção de que os filhos advindos dessa relação, seriam filhos do marido da mãe – *"pater is est quem nuptie demonstrat"*. Ocorre que nem sempre isso é verdade. Por vezes, esse filho era/é filho biológico de outra pessoa. Desse modo, o pai que constasse em seu registro, seria diferente do seu pai biológico, de modo que, de tal divergência, apenas um poderia constar no registro como tal – ou o pai biológico ou o socioafetivo.

Nascia, então, um conflito entre o pai biológico não registral e o pai socioafetivo registral – ou o contrário. A jurisprudência, por sua vez, ora optava em manter um, ora outro. Quando do surgimento do exame de DNA, a prevalência tendia a ocorrer pelo pai biológico, retirando-se o socioafetivo do registro.

Todavia, com o passar do tempo, percebeu-se que, retirar o pai registral, que criou o filho, nutrindo afeto por este, poderia ferir o melhor interesse do filho. Começou, então, a prevalecer o pai socioafetivo no registro em detrimento do biológico.

Ocorre que essa escolha de qual pai deveria ser mantido na certidão de nascimento (o biológico ou o socioafetivo) é algo muito difícil porque suprime um lado da história de vida da pessoa. Mas, até então, 'o melhor dos mundos' não existia, qual seja, a possibilidade de se manter os dois genitores no registro.

Foi então que, com a remodelagem das famílias – separações, divórcios e novas uniões – isso passou a afetar diretamente a convivência com os filhos. Os filhos que até então tinham apenas um pai e uma mãe, nesse novo modelo familiar, passam a conviver com pessoas que ocupam e desempenham papéis de genitores. Sobre essa evolução que afeta a estrutura da filiação, afirma Gustavo F. de Campos Monaco que este conceito se modifica em especial pelos "avanços científicos alcançados na área biológica e na evolução das técnicas médicas",[1] em decorrência da filiação advinda das técnicas de reprodução assistida.

Com isso, passou-se a perceber que, em determinados casos, em especial de recomposições familiares, havia genitores biológicos e socioafetivos, de modo concomitante, exercendo papéis de pais e mães. Foi então que, quando tais casos começaram a chegar ao Poder Judiciário, a prevalência e escolha de antes não mais caberiam para essas novas situações. Nasce, aqui, a possibilidade jurídica da multiparentalidade, dando lugar a um parentesco (e filiação) inclusivo e não excludente, admitindo-se pais biológicos e socioafetivos ao mesmo tempo. Permite-se, desta forma, que o parentesco deixe de ser excludente, podendo, a depender do caso concreto, coexistir.[2]

---

1. MONACO, Gustavo Ferraz de Campos. *Direitos da criança e adoção internacional*: declínio de um instituto em razão do avanço das técnicas de gestação por substituição. 2. ed. São Paulo: Thomson Reuters Brasil, 2021, p. 39.
2. PAIANO, Daniela Braga. *O direito de filiação nas famílias contemporâneas*. 2016. 292 p. Tese (Doutorado em Direito Civil) – Faculdade de Direito, Universidade de São Paulo, São Paulo, 2016. Acesso em: 9 de fevereiro de 2022, p. 24.

A multiparentalidade vem aperfeiçoar a compreensão do parentesco e filiação, permitindo que o parentesco seja natural e civil, cabendo, inclusive, uma proposta legislativa de inclusão de um parágrafo primeiro no art. 1593, de forma a constar que "§ 1º O parentesco poderá ser natural e civil quando resultar de multiparentalidade".[3]

O modelo até então existente, de se ter apenas um genitor no registro (monoparentalidade) ou dois (biparentalidade), modifica-se e é ampliado, para poder permitir que o filho tenha três ou até quatro genitores, em situações de multiparentalidade.

A multiparentalidade é a possibilidade jurídica de se ter mais de dois genitores no registro, com vínculos biológico e socioafetivo. Pode ser dividida em multimaternidade ou multipaternidade.[4] Casos de multimaternidade podem ocorrer em situações com duas mães (biológica e socioafetiva) e um pai (cita-se como exemplo casos de recomposições familiares, seja por viuvez, separações ou também situações de inseminações artificiais, caseiras ou não, em que o doador do material genético não seja anônimo) ou até mesmo três mães (casos de adoção por casal homoafetivo feminino com manutenção da mãe biológica em razão de grupos de irmãos). Os casos de multipaternidade, em que se tem dois pais e uma mãe, ocorrem também pelas recomposições familiares (novas uniões) ou em situações de traição (o marido/companheiro registra o filho e depois descobre que não é pai biológico).

Em 2016, a doutrina já apontava outras situações das quais geravam a multiparentalidade: adoção, inseminação heteróloga por casais homoafetivos mantendo-se o doador como não anônimo, adoção à brasileira em que posteriormente o filho busca a inserção do genitor biológico, posse de estado de filhos dos filhos de criação.[5] Essas são circunstâncias exemplificativas das quais podem surgir a multiparentalidade.

As ações em que se discutem os vínculos de filiação são muitas (em especial as de investigação de paternidade). Foi no ano de 2012 que essas situações, das quais decorre a multiparentalidade, começaram a ter seu reconhecimento por meio de decisões judiciais. Não existe nenhum impedimento legal para tal reconhecimento e o fenômeno "vem reconhecer juridicamente situações que já existem de forma fática".[6] Com isso, foi "possível vislumbrar-se a coexistência de parentalidades, flexibilizando a certeza de que apenas uma é exclusiva e certa".[7]

---

3. Idem, p. 219.
4. Cf.: PAIANO, Daniela Braga. op. cit., p. 186-198.
5. Idem, p. 177.
6. Idem, p. 173.
7. Idem, p. 172.

Três foram as ações que no ano de 2012 desencadearam o reconhecimento da multiparentalidade no Brasil. A primeira delas ocorreu em Ariquemes (Rondônia), foi uma situação de investigação de paternidade cumulada com anulação de registro civil em face do pai biológico e do pai registral. No caso, percebeu-se que a filha tinha como pai tanto o biológico como o socioafetivo, motivo pelo qual a multiparentalidade foi a melhor solução.[8]

No mesmo ano, na cidade de Itu, também ocorreu uma situação de multiparentalidade: a mãe da criança faleceu no parto, o pai casou-se novamente e a criança foi criada pela madrasta, que exercia o papel de mãe. Com isso, a possibilidade do reconhecimento.[9]

Também no ano de 2012, em Cascavel, no Paraná, em uma ação de adoção unilateral, prevaleceu a não destituição do poder familiar do pai biológico, mantendo-o ao lado do padrasto, reconhecido como pai socioafetivo.[10]

Em pesquisa para tese de doutorado defendida em 2016, apurou-se que, à época, 12 Estados do Brasil já tinham decisões de multiparentalidade em seus Tribunais, contando com 18 ações.[11] Hoje, conforme se mostrará adiante, as demandas de multiparentalidade são muitas e seu reconhecimento é algo mais aceito, em especial após o julgamento com repercussão geral da temática pelo Supremo Tribunal Federal, favorável ao reconhecimento.

Esclarece a doutrina que "a multiparentalidade é um fenômeno jurisprudencial e doutrinário, advindo de uma interpretação conforme, integrativa e expansiva, que permite o reconhecimento de mais de um pai ou mãe a uma mesma pessoa, de modo que conste em seu registro de nascimento as consequências desse reconhecimento"[12] – as de ordem patrimonial e extrapatrimonial.

Com esse enfrentamento, os casos passaram a surgir em primeiro grau de jurisdição, chegaram aos Tribunais Estaduais, ao Superior Tribunal de Justiça e, finalmente, ao Supremo Tribunal Federal.

---

8. TJRO, Vara cível da Comarca de Ariquemes. Sentença dos autos 0012530-95.2010.8.22.0002. Julgadora: Dra. Deisy Christian Lorena de Oliveira Ferraz, julgada em 13.03.2012. Disponível em: http://www.flaviotartuce.adv.br/assets/uploads/jurisprudencias/201204031216120.MULTIPARENTALIDADE_SENTENCARO.PDF. Acesso em: 04 abr. 2022.

9. PAIANO, Daniela Braga. Op. cit., p. 188.

10. TJPR. Vara da Infância e da Juventude da Comarca de Cascavel/Pr. Sentença dos autos 0038958-54.2012.8.16.0021. Julgador: Dr. Sérgio Luiz Kreuz, julgada em 20 de fevereiro de 2013. Disponível em: SENTENCA_DUPLA_PARENTALIDADE___INICIAIS.pdf (flaviotartuce.adv.br). Acesso em: 04 abr. 2022.

11. PAIANO, Daniela Braga. Op. cit., p. 192.

12. Idem, p. 174-175.

Como já dito, em decisões de primeiro grau de jurisdição, não havia abertura para a possibilidade de sair dos modelos padrões de monoparentalidade ou biparentalidade. Apenas com o amadurecimento do tema, a partir dessas decisões acima mencionadas, de 2012, que iniciou-se, de forma ainda tímida, a multiparentalidade.

A título de exemplo, em uma busca livre em consulta ao *site* do Tribunal de Justiça de São Paulo com o termo 'multiparentalidade' o primeiro julgado é de 8 de maio de 2017.[13] No ano de 2018, os casos encontrados foram três. Em consulta ao *site* do Tribunal de Justiça de São Paulo em 4 de abril de 2022, existem vinte e oito demandas referentes ao ano de 2019 relacionadas ao tema. Verifica-se, com essa pequena amostragem, que os antecedentes da tese praticamente não mencionavam a multiparentalidade.

No STJ, dois são os casos contrários à multiparentalidade. O primeiro foi julgado antes da fixação da Tese pelo STF. Neste julgado, o STJ manteve apenas a filiação biológica. *O caso retrata uma filha que pretendia anular o registro civil para excluir o pai socioafetivo e incluir o biológico. Porém, como não teve a manifestação do pai socioafetivo, o STJ entendeu pela sua exclusão deste e inclusão do biológico, não possibilitando a multiparentalidade.*[14] Possivelmente, se o julgamento tivesse ocorrido após 2016, a multiparentalidade poderia ter sido admitida.

---

13. TJSP. Conflito de competência cível 0040236-38.2016.8.26.0000; Relator (a): Ademir Benedito (Vice-Presidente); Órgão Julgador: Câmara Especial; Foro Central Cível – 2ª Vara de Registros Públicos; Data do Julgamento: 08.05.2017; Data de Registro: 11.05.2017. Este primeiro caso tratava de conflito negativo de competência para aferir qual vara seria a competente para o julgamento da demanda de multiparentalidade. Acesso em: 04 abr. 2022.

14. STJ. REsp 1333086/RO, Rel. Ministro Ricardo Villas Bôas Cueva, Terceira Turma, julgado em 06.10.2015, DJe 15.10.2015). Disponível em: https://scon.stj.jus.br/SCON/jurisprudencia/doc.jsp?livre=MULTIPARENTALIDADE&b=ACOR&p=false&l=10&i=6&operador=mesmo&tipo_visualizacao=RESUMO. Acesso em: 05 out. 2021.

    Recurso especial. Ação declaratória de inexistência de filiação e anulatória de registro público. Duplo registro de paternidade. Multiparentalidade. Pai socioafetivo. Ausência de manifestação nos autos. Demonstração de interesse em figurar na certidão de nascimento do menor. Inocorrência. Disposição futura de bens. Possibilidade. Dispositivos constitucionais. Análise. Competência do STF. Legislação infraconstitucional não prequestionada. Incidência da Súmula 211/STJ. Divergência jurisprudencial não demonstrada nos moldes legais. 1. Cinge-se a controvérsia a verificar a possibilidade de registro de dupla paternidade, requerido unicamente pelo Ministério Público estadual, na certidão de nascimento do menor para assegurar direito futuro de escolha do infante. 2. Esta Corte tem entendimento no sentido de ser possível o duplo registro na certidão de nascimento do filho nos casos de adoção por homoafetivos. Precedente. 3. Infere-se dos autos que o pai socioafetivo não tem interesse em figurar também na certidão de nascimento da criança. Ele poderá, a qualquer tempo, dispor do seu patrimônio, na forma da lei, por testamento ou doação em favor do menor. 5. Não se justifica o pedido do Parquet para registro de dupla paternidade quando não demonstrado prejuízo evidente ao interesse do menor. 6. É direito personalíssimo e indisponível do filho buscar, no futuro, o reconhecimento do vínculo socioafetivo. Precedentes. 7. Recurso especial parcialmente conhecido e, nesta parte, não provido (REsp 1.333.086/RO, relator Ministro Ricardo Villas Bôas Cueva, Terceira Turma, julgado em 06.10.2015, DJe 15.10.2015).

O segundo caso também não foi favorável e manteve o pai socioafetivo. No REsp 1674849/RS, o STJ refutou a possibilidade de se estabelecer a multiparentalidade tão somente pelo desejo da mãe, resguardando direito futuro da criança em investigar a paternidade e incluir o pai biológico. Questionava-se a filiação de um filho havido de uma relação extraconjugal, se deveria ser mantida a filiação registral (socioafetiva) ou a biológica. Ação de investigação de paternidade cumulada com retificação de registro de nascimento.[15]

Quando do julgamento do segundo caso no STJ, o STF já havia se posicionado favoravelmente à fixação da tese, mas o STJ não observou o preceito do TEMA 622. Isto porque, ao mencionar que o pai biológico não tinha o desejo de figurar como pai e com isso não o inserir como tal, é como se a corte estivesse prestigiando uma conduta irresponsável de pais que não assumem seu papel como tal. De tal

---

15. STJ. REsp 1674849/RS, Rel. Ministro Marco Aurélio Bellizze, Terceira Turma, julgado em 17.04.2018, DJe 23/04/2018. Disponível em: https://scon.stj.jus.br/SCON/jurisprudencia/doc.jsp?livre=MULTI-PARENTALIDADE&b=ACOR&p=false&l=10&i=5&opcrador=mesmo&tipo_visualizacao=RESUMO. Acesso em: 05 out. 2021.
   Recurso especial. Ação de investigação de paternidade c/c retificação de registro de nascimento. Filho havido de relação extraconjugal. Conflito entre paternidade socioafetiva e biológica. Multiplicidade de vínculos parentais. Reconhecimento concomitante. Possibilidade quando atender ao melhor interesse da criança. Aplicação da *ratio essendi* do precedente do supremo tribunal federal julgado com repercussão geral. Sobreposição do interesse da genitora sobre o da menor. Recurso desprovido. 1. O propósito recursal diz respeito à possibilidade de concomitância das paternidades socioafetiva e biológica (multiparentalidade). 2. O reconhecimento dos mais variados modelos de família veda a hierarquia ou a diferença de qualidade jurídica entre as formas de constituição de um novo e autonomizado núcleo doméstico (ADI 4.277/DF). 3. Da interpretação não reducionista do conceito de família surge o debate relacionada à multiparentalidade, rompendo com o modelo binário de família, haja vista a complexidade da vida moderna, sobre a qual o Direito ainda não conseguiu lidar satisfatoriamente. 4. Apreciando o tema e reconhecendo a repercussão geral, o Plenário do STF, no julgamento do RE 898.060/SC, Relator Ministro Luiz Fux, publicado no DJe de 24.08.2017, fixou a seguinte tese: "a paternidade socioafetiva, declarada ou não em registro público, não impede o reconhecimento do vínculo de filiação concomitante baseado na origem biológica, com todas as suas consequências patrimoniais e extrapatrimoniais." 5. O reconhecimento de vínculos concomitante de parentalidade é uma casuística, e não uma regra, pois, como bem salientado pelo STF naquele julgado, deve-se observar o princípio da paternidade responsável e primar pela busca do melhor interesse da criança, principalmente em um processo em que se discute, de um lado, o direito ao estabelecimento da verdade biológica e, de outro, o direito à manutenção dos vínculos que se estabeleceram, cotidianamente, a partir de uma relação de cuidado e afeto, representada pela posse do estado de filho. 6. As instâncias ordinárias afastaram a possibilidade de reconhecimento da multiparentalidade na hipótese em questão, pois, de acordo com as provas carreadas aos autos, notadamente o estudo social, o pai biológico não demonstra nenhum interesse em formar vínculo afetivo com a menor e, em contrapartida, o pai socioafetivo assiste (e pretende continuar assistindo) à filha afetiva e materialmente. Ficou comprovado, ainda, que a ação foi ajuizada exclusivamente no interesse da genitora, que se vale da criança para conseguir atingir suas pretensões. 7. Ressalva-se, contudo, o direito personalíssimo, indisponível e imprescritível, da menor pleitear a inclusão do nome do pai biológico em seu registro civil ao atingir a maioridade, momento em que poderá avaliar, de forma independente e autônoma, a conveniência do ato. 8. Recurso especial desprovido (REsp 1.674.849/RS, relator Ministro Marco Aurélio Bellizze, Terceira Turma, julgado em 17.04.2018, DJe de 23.04.2018).

sorte, permitir que apenas com a maioridade o filho ingresse novamente com uma outra ação para inserir seu pai biológico no registro, é afastar pai e filha por 18 anos ou mais. Quando o STF admitiu a inserção do pai biológico no registro do filho, com a admissão da duplicidade de vínculos, não foi estabelecida a inserção de vínculos biológicos desde que o afeto fosse demonstrado. Não houve ali nenhuma condição para tal ato. Deste modo, discorda-se da decisão neste julgado porque afastou a filha de ter reconhecido, desde o início da demanda, a inserção da filiação biológica.

Em termos gerais, Claudio Luiz Bueno de Godoy, analisando julgados do STJ, traz à baila a situação dos "filhos privados da ciência e contato com quem os gerou, por isso defendendo-se lhes deva depois ser assegurado não só o conhecimento dessa origem genética, mas, ainda, os efeitos patrimoniais que daí se extraem, próprios da filiação".[16] Essa reflexão trazida por Godoy encaixa-se no julgado acima, em que melhor sorte teria o filho se pudesse ter o reconhecimento do pai biológico e eventual convívio com o mesmo.

Por isso, acredita-se, aqui, que essa decisão, contrária ao estabelecido pelo STF, tenha sido assim por falta de um amadurecimento do significado da multiparentalidade na comunidade jurídica. Todos os demais casos (cinco), reconheceram os vínculos plurais de filiação. Percebe-se, desta forma, que, à medida que o assunto foi se sedimentando no âmbito jurídico, as decisões seguiram a determinação fixada no Tema 622.

O caso que levou o Supremo ao julgamento da temática teve origem em Santa Catarina e, em resumo, era uma situação de filha com pai registral socioafetivo que pretendia sua substituição pelo biológico, com pedido de alimentos (no próximo tópico o caso será abordado de forma mais específica).[17]

---

16. GODOY, Claudio Luiz Bueno de. Atualidades sobre a parentalidade socioafetiva e a multiparentalidade. In: SALOMÃO, Luis Felipe. TARTUCE, Flávio (Coord.). *Direito Civil*: diálogos entre a doutrina e a jurisprudência. São Paulo: Atlas, 2018, p. 618.

17. Apelação cível com pedido de análise preliminar de agravo retido e agravo de instrumento, ambos em ação de investigação de paternidade c/c. Anulação/retificação de registro civil e alimentos. (1) – Do agravo retido – Intenção do requerido em ver declarada a impossibilidade jurídica do pedido de investigação formulado pela parte autora, justificando a existência de filiação anotada no registro civil – Direito personalíssimo, indisponível e imprescritível à obtenção da verdade quanto à origem genética, o qual encontra amparo, igualmente, no princípio constitucional fundamental da dignidade da pessoa humana – pressupostos de admissibilidade da ação evidenciados – Insurgência a que se nega provimento. (2) – da apelação – Sentença de procedência parcial dos pedidos, que declarou o estado de filiação, determinando a retificação do registro de nascimento, condenando o réu ao pagamento de alimentos até a conclusão do curso superior pela requerente – Recurso que aponta a insuficiência de elementos seguros, com força para demonstrar o vínculo sanguíneo – Fato suficientemente comprovado através da realização de prova pericial (exame de DNA), que foi, inclusive, repetida, para melhor apuração da verdade real, além dos depoimentos colhidos em audiência e outros documentos, tudo revelando que o demandado é, de fato, pai biológico da postulante – Forte vínculo de afetividade

Enfim, como inúmeros eram os casos semelhantes em julgamento, havia um clamor social para uma definição sobre o assunto, em especial dos Institutos de Direito de Família (IBDFAM e ADFAS – fosse pela sua permissão ou proibição). Assim, diante dos princípios constitucionais familiares previstos no art. 226 e seguintes da Constituição Federal, como o da paternidade responsável, bem como o princípio da dignidade da pessoa humana, a esse caso foi dada repercussão geral, gerando o Tema 622, autuando-o como Recurso Extraordinário 898.060.

Na sequência, analisar-se-á criticamente o julgamento pelo STF com relação ao tema, observando os principais fundamentos dos votos, bem como a crítica doutrinária ainda existente.

1.2 A FIXAÇÃO DA TESE[18]

Já esclarecidas as espécies de filiação e o contexto do surgimento da multi-parentalidade no Brasil, reitera-se, aqui, que a multiparentalidade é a possibili-

---

entre esta e o pai registral, contudo, a caracterizar situação de paternidade socioafetiva, havendo, até mesmo, manifestação expressa por parte desses dois indivíduos, no sentido de que continuarão a se reconhecer como pai e filha independentemente do resultado do processo judicial – estado de filiação preexistente que impede o reconhecimento daquele reclamado em relação ao requerido/apelante – Improcedência do pedido, neste ponto, que orienta para a mesma solução quanto à alteração do registro civil de nascimento e condenação do recorrente ao pagamento de alimentos em favor da autora – Provimento parcial do recurso, com a manutenção da sentença apenas no que tange à declaração da origem biológica da postulante. Se os elementos de convicção constantes dos autos não evidenciam o suposto vício de consentimento por erro quanto ao reconhecimento da paternidade, estando demonstrado, ademais, que tal ato se fez seguir e acompanhar de afetividade verdadeira, mantida a posse do estado de filho desde o nascimento da registrada, e que, passadas quase 3 (três) décadas, todos os indicativos existentes apontam para a irreversibilidade dessa situação, deve prevalecer a paternidade socioafetiva, baseada na convivência duradoura, no cultivo do afeto e na plena assistência, elementos que melhor identificam uma relação parental entre pais e filhos do que o mero vínculo genético. O estado de filiação, em hipóteses tais, já se estabeleceu previamente em relação ao pai afetivo e, portanto, não deverá ser reconhecido em sede de ação investigatória proposta pelo filho contra o suposto pai biológico. Na espécie, ainda, a flagrante rejeição e desinteresse do requerido em se relacionar com a autora mostra que o atendimento da pretensão por ela deduzida, neste particular, apenas poderia lhe conferir benefícios de ordem material, visto que, a prestação de amor, carinho e afeto, esta não se pode impor àquele que, pela vontade própria, a recusa. (3) – Do agravo de instrumento – Decisão que recebeu a apelação apenas no efeito devolutivo – Insurgência interposta a destempo – Reclamo prejudicado, ademais, pelo julgamento simultâneo do apelo, cujos efeitos do recebimento o agravante/apelante visava discutir – Ausência superveniente de interesse processual – Extinção do procedimento recursal que se impõe por força do art. 557, *caput*, do CPC (TJSC. Apelação Cível 2011.027498-4, da Capital, rel. Luiz Fernando Boller, Quarta Câmara de Direito Civil, j. 22.09.2011). Disponível em: https://busca.tjsc.jus.br/jurisprudencia/#resultado_ancora. Acesso em: 09 fev. 2022.

18. Ementa do RE 890.060/SC: Extraordinário. Repercussão geral reconhecida. Direito civil e constitucional. Conflito entre paternidades socioafetiva e biológica. Paradigma do casamento. Superação pela constituição de 1988. Eixo central do direito de família: deslocamento para o plano constitucional. Sobreprincípio da dignidade humana (art. 1º, III, da CRFB). Superação de óbices legais ao pleno desenvolvimento das famílias. Direito à busca da felicidade. Princípio constitucional implícito. Indivíduo

dade de se manter tanto a filiação biológica como socioafetiva no registro, sem exclusão ou 'escolha' de alguma delas. Essas demandas, estampando as novas e atuais relações familiares, começaram a ter procedência para inclusão de ambos os genitores no ano de 2012. Deu-se início, pela via jurisprudencial, à possibilidade jurídica da multiparentalidade, mudando, assim, os padrões até então estabelecidos (monoparentalidade ou biparentalidade).

Cabe ressaltar que a multiparentalidade é estabelecida pela análise do caso concreto, em que se tem um genitor biológico e outro, ao mesmo tempo, socioafetivo (ou ambos socioafetivos). Enquanto o vínculo socioafetivo demonstra-se pelo elo afetivo entre pai/mãe e filho (que precisa ser construído ao longo do tempo), o vínculo biológico comprova-se com o exame de DNA.

No início, o tema sofreu resistência por parte da doutrina, gerando, inclusive, uma certa confusão, questionando se não seria o caso apenas de se conhecer a origem genética (art. 48 do ECA) como um direito da personalidade, sem inserir a paternidade/maternidade com suas consequências jurídicas patrimoniais e extrapatrimoniais, ou se seria mesmo a situação de ser mantida a filiação com múltiplos vínculos parentais.

Foi então que o tema chegou ao Supremo Tribunal Federal, por meio do caso julgado em Santa Catarina, autuando-se o procedimento como Recurso Extraordinário 898.060. Entendeu-se pela afronta ao dispositivo constitucional – art. 226 e 227 da CF (princípio da paternidade responsável, igualdade jurídica dos filhos e pela violação do princípio da dignidade da pessoa humana). Existe, no Brasil, um número muito grande de ações que discutem a paternidade. Por isso, havia uma necessidade de analisar esse recurso com um olhar para esses novos núcleos familiares, remodelados, para que se tivesse uma tutela jurídica ampla, com o reconhecimento ou não de ambas as espécies.

Dito isso, passa-se, então, a analisar o entendimento prevalecente e os votos vencidos em seus principais aspectos, apontando em que medida tal decisão foi acertada ou não, quais os avanços dela decorrentes, para, finalmente, aferir a resistência doutrinária sobre o tema.

---

como centro do ordenamento jurídico-político. Impossibilidade de redução das realidades familiares a modelos preconcebidos. Atipicidade constitucional do conceito de entidades familiares. União estável (Art. 226, § 3º, CRFB) e família monoparental (art. 226, § 4º, CRFB). Vedação à discriminação e hierarquização entre espécies de filiação (art. 227, § 6º, CRFB). Parentalidade presuntiva, biológica ou afetiva. Necessidade de tutela jurídica ampla. Multiplicidade de vínculos parentais. Reconhecimento concomitante. Possibilidade. Pluriparentalidade. Princípio da paternidade responsável (art. 226, § 7º, CRFB). Recurso a que se nega provimento. Fixação de tese para aplicação a casos semelhantes. STF. RE 898060/SC. Disponível em: https://jurisprudencia.stf.jus.br/pages/search/sjur371896/false. Acesso em: 1º out. 2021.

Os votos dos ministros não estão disponíveis no site do Supremo Tribunal Federal e as considerações que serão mencionadas foram extraídas do inteiro teor do Recurso Extraordinário, disponível no site do STF, bem como do vídeo da votação disponível no youtube.[19]

1.2.1 Do entendimento prevalecente

Do julgamento do RE 898.060 a tese fixada foi: "A paternidade socioafetiva, declarada ou não em registro público, não impede o reconhecimento do vínculo de filiação concomitante baseado na origem biológica, com os efeitos jurídicos próprios".[20]

A tese é inovadora no sentido de que ela rompe com o modelo tradicional de filiação e desvincula-se das amarras do passado calcadas em uma sociedade patriarcal excludente.

Decorre da tese os seguintes pontos: o reconhecimento da filiação biológica não é tão somente o conhecimento da origem genética. É mais: é o estabelecimento do vínculo de filiação com esse genitor. Não cabe, a partir de então, escolher, a critério do julgador ou das partes, se o pai biológico deve substituir, excluindo o registral ou se o pai biológico não deve ser inserido já que tem um pai registral. Com o Tema 622, abriu-se o caminho para que as inúmeras decisões de primeiro e segundo graus de jurisdição, como também do STJ, sigam o padrão estabelecido, permitindo a inclusão do genitor que não consta no registro. Por consequência do reconhecimento, garantindo a igualdade jurídica dos filhos e a não hierarquização entre as espécies de filiação, os efeitos jurídicos são inatos: uma vez reconhecido como pai, surgem para ele deveres dessa qualidade, de ordem patrimonial e extrapatrimonial.

Cabe aqui destacar quais premissas serviram de base para a fixação da tese: igualdade jurídica dos filhos, reformulações e expansão nos modelos familiares estipulados pelo legislador, pleno desenvolvimento das famílias em suas relações afetivas interpessoais, direito à busca pela felicidade (implícito no art. 1º, III, da Constituição Federal), necessidade de ampliação da tutela normativa a todas as formas de parentalidade com o acolhimento dos vínculos de filiação – afetivos e biológicos, sem necessidade de se decidir por um ou por outro, melhor interesse do descendente, possibilidade da pluriparentalidade no Direito Estrangeiro e a premissa de que os arranjos familiares que não foram regulados pelo legislador

---

19. YOUTUBE. Pleno: Paternidade socioafetiva não exime de responsabilidade o pai biológico. Disponível em: https://www.youtube.com/watch?v=vMgMQ0DdVbE. Acesso em: 19 out. 2021.
20. STF. RE 898060/SC. Disponível em: https://jurisprudencia.stf.jus.br/pages/search/sjur371896/false. Acesso em: 1º out. 2021.

não podem ficar desprotegidos por essa omissão legislativa, merecendo tutela jurídica concomitante, para todos os fins de direito.[21]

O relator, Ministro Luiz Fux entendeu pela possibilidade das duas espécies de paternidade, nos termos da fixação da tese.[22] Acompanharam o voto do relator o Ministro Ricardo Lewandowski, o Ministro Gilmar Mendes, o Ministro Dias Toffoli, a Ministra Rosa Weber, a Ministra Carmen Lúcia e o Ministro Celso de Mello.

A tese da multiparentalidade não havia sido pedida pelas partes no processo, não era objeto da demanda. Na verdade, o pai biológico não queria figurar como tal – pretendia que o pai socioafetivo permanecesse no registro. A filha, por sua vez, queria a substituição da filiação socioafetiva pela biológica e não a dupla paternidade. Todavia, conforme se pode aferir do acórdão da decisão já aqui colacionado, pai (socioafetivo) e filha "continuarão a se manter como pai e filha independentemente do resultado do processo judicial".[23]

Mesmo não tendo sido postulada a dupla paternidade, em seu voto, o Relator, Ministro Luiz Fux, entendeu pelo seu cabimento. Neste sentido, afirma Fabíola Albuquerque Lobo "Foi dessa maneira que a multiparentalidade ingressou no sistema jurídico brasileiro, de modo surpreendente e inesperado, não só pelas incipientes doutrina e jurisprudência brasileiras, mas também por não ter sido objeto do pedido e dos recursos nesse caso paradigma".[24]

Sobre os votos favoráveis, destacam-se os seguintes pontos: a paternidade responsável[25] e o dever de cuidado,[26] o contexto das famílias atuais, a possibilidade da dupla paternidade,[27] a importância do afeto e o direito da felicidade, valorizando esse novo paradigma de núcleo formador do conceito de família.

---

21. STF. RE 898060/SC. Disponível em: https://jurisprudencia.stf.jus.br/pages/search/sjur371896/false. Acesso em: 1º out. 2021.

22. Idem.

23. TJSC. Apelação Cível 2011.027498-4, da Capital, rel. Luiz Fernando Boller, Quarta Câmara de Direito Civil, j. 22.09.2011). Disponível em: https://busca.tjsc.jus.br/jurisprudencia/#resultado_ancora. Acesso em: 09 fev. 2022.

24. LOBO, Fabíola Albuquerque. *Multiparentalidade*: efeitos no direito de família. Indaiatuba: Foco, 2021, p. 80.

25. Para o Ministro Gilmar Mendes o pedido do pai biológico em reconhecer-se como tal, mas negar os efeitos jurídicos é uma 'dose de cinismo manifesta', estimulando o que é recorrente: pais não quererem assumir suas responsabilidades. (...) A concordância prática da multiparentalidade leva a uma maior proteção do filho, e assim o ministro destacou a importância do estudo feito em 1978 pelo Professor João Baptista Villela sobre a desbiologização da paternidade.

26. Carmen Lúcia explicou que o que se busca, além da felicidade, é o afeto em todas as relações, levando o Direito a trabalhar com categorias como a paternidade responsável.

27. Ressaltou que o Ministro Relator trouxe o direito comparado e que isso já havia sido decidido nos Estados Unidos desde 1989, na Louisiana. Desde 2005, o Estado da Louisiania foi o primeiro Estado da Federação americana a reconhecer a dupla paternidade. Para ele, a dupla paternidade garante a

Os argumentos trazidos pelos ministros tiveram por base princípios constitucionais explícitos e implícitos, deveres legais decorrentes da paternidade e as características das famílias atuais que buscam a realização dos membros que a constituem.

Da síntese dos votos aqui trazidos, os ministros foram favoráveis à tese do reconhecimento da multiparentalidade, evocando o princípio constitucional da paternidade responsável, não podendo o pai biológico fazer a escolha de querer ou não ser pai. Na verdade, as pessoas têm esse direito de ser ou não pais antes da concepção do filho. Mas, uma vez nascido, aí não se tem escolha, está-se diante de uma consequência jurídica desse nascimento – que é o dever de cuidado, assistência material e moral. No mais, quando se referem ao direito à felicidade, trazem à baila a discussão do contexto das famílias atuais, inclusiva e plural, que almejam sua realização plena.

Sobre a igualdade jurídica dos filhos, está prevista no art. 227, § 6º, da Constituição Federal, reproduzido no art. 20 do Estatuto da Criança e do Adolescente, bem como no art. 1596 do Código Civil. A categorização de filhos, distinção de direitos e não reconhecimento jurídico estão vedadas, legalmente, há tempos em nosso ordenamento, sendo tal princípio reiterado em diversos dispositivos legais. Analisando o art. 227, § 6º, da Constituição, Gustavo F. de Campos Monaco afirma que o dispositivo "põe fim à longa história de discriminações encontrada na legislação brasileira.[28] Não se pode, neste momento da legislação pátria, permitir, ainda, discriminações e tratamento diferenciados que costumavam acontecer no passado.

Como já mencionado, serviu também de base para a decisão prevalente o princípio da paternidade responsável – art. 226, § 7º, da Constituição Federal, também previsto no Código Civil como consequência da proteção dos filhos (art. 1.583 e ss.) e do poder familiar (art. 1.630 e ss.). Ter filhos é um ato de escolha dos genitores (salvo exceções como casos de violência sexual), inclusive o planejamento familiar é algo que cabe ao casal, de forma livre. Mas, uma vez que estes filhos são colocados no mundo, eles devem ter o reconhecimento (espontâneo ou não) dos pais, e isso já não é um ato de escolha, mas um dever. E como dever, se descumprido, possui consequências jurídicas. Por isso, defende-se aqui, da análise do caso levado ao STF, que a inserção do pai biológico no registro da filha, não é uma faculdade, mas um dever, já que biologicamente o vínculo entre eles

---

concretude do que está expresso nesse dispositivo constitucional e encontra respaldo no art. 229 da Constituição Federal, ao mencionar o dever dos pais com relação aos filhos, a paternidade responsável. Não faz a Constituição nenhuma distinção entre pai afetivo ou biológico, mas menciona apenas 'pai'.

28. MONACO, Gustavo Ferraz de Campos. Op. cit., p. 43.

estava comprovado pelo exame de DNA. E como dever, decorre da paternidade responsável, o dever de cuidado para com os filhos.

O que foi levado ao Supremo Tribunal Federal é se a corte continuaria a manter o embate entre a filiação biológica e a socioafetiva, tendo uma delas como preferencial ou se avançaria na temática, permitindo o reflexo dessa concomitância para tantos outros casos que chegariam ao poder judiciário e trariam a mesma situação.

O que se pretende demonstrar aqui é que, a família (e por consequência, a paternidade/maternidade) precisa ser analisada não apenas sob o viés legalista, por critérios biológicos tão somente. A família e a filiação são mais que isso. Existe esse viés sociológico permeando as relações familiares e, na dinamicidade dessas relações, o Direito estaria cometendo injustiças se tivesse de escolher uma das formas de parentalidade, razão pela qual o tema necessita de avanço, mesmo não tendo sido o pedido específico das partes no caso em análise. Por isso, a defesa aqui da tese vencedora ter sido acertada e merecer elogios diante do seu avanço, já que, no que concerne à filiação, permitiu avançar, pela via jurisprudencial, pelo reconhecimento do que de fato já existia.

Anderson Schreiber, ao comentar a decisão do STF, afirma que essa foi "corajosa e ousada, na medida em que exprimiu clara ruptura com o dogma antiquíssimo segundo o qual cada pessoa tem apenas um pai e uma mãe".[29] Entende que o Supremo, ao adotar um modelo oposto ao da dualidade parental, calcado na 'verdade' biológica, foi claro e objetivo em seu posicionamento.[30] Segundo o autor, em um campo tão delicado como o da família, cercado de "pré-conceitos" de origem religiosa, social e moral (por vezes, moralista), o STF adotou um posicionamento claro e objetivo, em sentido diametralmente oposto ao modelo da dualidade parental, consolidado na tradição civilista e construído à luz da chamada "verdade biológica".[31]

Deste modo, diante das novas realidades familiares, não se trata de escolhas, mas sim de possibilidades de se trazer, para o registro do filho, sua realidade de vida, sem suprimir parte de sua história, mas acrescentando um novo capítulo a ela. Por isso, a defesa da multiparentalidade como instrumento garantidor do direito de múltiplos vínculos parentais.

---

29. SCHREIBER, Anderson. *Manual de Direito Civil Contemporâneo.* 4. ed. São Paulo: Saraiva, 2021. E-book, p. 2126-2127.
30. Idem, p. 2127.
31. SCHREIBER, Anderson. LUSTOSA, Paulo Franco. Efeitos Jurídicos da Multiparentalidade. *Pensar,* Fortaleza, v. 21, n. 3, p. 847-873, set./dez. 2016, p. 849. Disponível em: https://periodicos.unifor.br/rpen/issue/view/421. Acesso em: 15 set. 2021.

O STF deixou de lado uma análise superficial do problema e enfrentou a questão, trazendo uma abertura para o conflito de embates entre as espécies de filiação, de não mais uma prevalecer sobre a outra, mas, sim, pela sua coexistência. Em razão disso, tudo que muda radicalmente os padrões existentes, por vezes incomoda, acarretando, por consequência, duras críticas da doutrina, como se verá adiante.

Sobre a análise da tese prevalecente, defende-se que, com sua fixação, permitiu-se evoluir no campo das filiações. Seu acerto foi não analisar o pedido posto pelas partes, mas de abrir os olhos da Justiça para as realidades familiares atuais, trazendo consequências jurídicas ao reconhecimento da multiparentalidade. Tanto é verdade que, em decorrência da sua possibilidade jurídica, mostrando o avanço da tese, Provimentos foram editados pelo CNJ a fim de se permitir, inclusive, o reconhecimento espontâneo, em cartório, da multiparentalidade. Tudo isso só foi possível porque o STF, como dito, 'enxergou' as atuais modelagens familiares, reconhecendo a concomitância das formas de parentalidade.

1.2.2 Dos votos vencidos

Foram vencidas em parte a tese do Ministro Luiz Edson Fachin (acompanhado pelo Ministro Teori Zavascki) e a do Ministro Marco Aurélio.[32] A tese defendida pelo Ministro Fachin[33] pretendia a prevalência da paternidade socioafetiva. Já a do Ministro Marco Aurélio suscitou a prevalência do liame biológico.[34]

Primeiramente, será feita a análise do voto vencido do Ministro Marco Aurélio. Afirmou que houve um erro substancial no registro da pessoa natural e que, por uma ficção jurídica, o pai afetivo passaria a ser pai biológico.[35] Postulou pela prevalência do vínculo biológico.

Percebe-se, da exposição do voto do Ministro, que, para ele, pai é o pai biológico. Em sua fala final, afirma "por uma ficção jurídica, pai afetivo passa a ser pai biológico", está na contramão de toda evolução vivida no Direito de Família. A família, na atualidade, também está calcada em laços afetivos, construídos em seu cotidiano. Afirmar que pai afetivo passa a ser pai biológico é ir contra o próprio dispositivo legal que reconhece que o parentesco é natural ou civil. Muito se avançou e se construiu para que as amarras do passado em que se reconhecia filhos apenas advindos de uma relação matrimonial fossem rompidas. A igual-

---

32. STF. RE 898060/SC. Disponível em: https://jurisprudencia.stf.jus.br/pages/search/sjur371896/false, p. 5. Acesso em: 1º out. 2021.
33. Idem.
34. Idem.
35. YOUTUBE. Pleno: Paternidade socioafetiva não exime de responsabilidade o pai biológico. Disponível em: https://www.youtube.com/watch?v=vMgMQ0DdVbE. Acesso em: 19 out. 2021.

dade jurídica dos filhos prevista no texto constitucional requer essa concepção de pluralidade. E é por essa pluralidade que, na atualidade, não se pode mencionar que 'pai socioafetivo passa a ser pai biológico'. São figuras distintas, mas que podem exercer o mesmo papel, a mesma função, a de pai. Mas, mesmo com suas origens distintas, tanto um quanto outro podem ser considerados pais. Por isso que hoje, dentro dessa concepção pluralista de família, ambas as origens de paternidade podem ser reconhecidas e admitidas, sem exclusão – como outrora acontecia, em que prevalecia a filiação biológica ou socioafetiva – mas sim de modo concomitante, conforme a realidade vivida por determinadas famílias. Não se pode mais admitir o pensamento de que filiação está apenas relacionada aos laços biológicos. Por isso, então, a não prevalência do voto do Ministro Marco Aurélio, de forma acertada.

A segunda tese vencida foi a do Ministro Luiz Edson Fachin (acompanhado por Teori Zavascki). Pretendia estabelecer a prevalência da paternidade socioafetiva. Para Fachin, não era o caso de um conflito de paternidades, mas sim o direito de revelar a ascendência genética (sem o estabelecimento da filiação biológica).[36]

Chama-se aqui a atenção para dois pontos levantados pelo Ministro: a prevalência da paternidade socioafetiva e a revelação do ascendente genético, de modo que o parentesco biológico pode ser estabelecido desde que inexista uma relação que a ele se sobreponha, podendo, apenas ser estabelecida a multiparentalidade quando o pai biológico quer ser o pai e o pai socioafetivo não quer deixar de sê-lo.

Fazendo a análise desses pontos aqui levantados, percebe-se que, o que a autora da demanda pretendia não era o conhecimento da origem genética. Foi além. A pretensão era o reconhecimento e inserção da paternidade biológica em seu registro, em substituição ao pai registral socioafetivo, em especial porque ela precisava de ajuda financeira para seguir com seus estudos. Mesmo porque, com o exame de DNA, ela já sabia que o réu era seu pai biológico.

Não era o caso de fazer um paralelo com o direito de se conhecer a ancestralidade previsto no art. 48 do ECA. O direito de saber a ascendência genética permite que o filho tenha revelado sua ancestralidade sem criar vínculos de parentesco. Esse direito foi realmente estabelecido para casos específicos de adoção que rompem os laços biológicos e não permite uma reconstrução de parentesco com a família biológica. Para essas situações, então, o filho pode vindicar sua origem genética. Todavia, no caso em tela, não era esse o objetivo da autora, ela queria, sim, ter sua paternidade biológica descoberta para criação do vínculo de parentesco.

---

36. YOUTUBE. Pleno: Paternidade socioafetiva não exime de responsabilidade o pai biológico. Disponível em: https://www.youtube.com/watch?v=vMgMQ0DdVbE. Acesso em: 19 out. 2021.

Enquanto o estado de filiação traz a qualidade de pai ao filho, o direito à ancestralidade, ou conhecimento da origem genética, permite que o filho tome conhecimento de quem é seu genitor, porém, sem impor efeitos jurídicos, ao pai biológico. Como dito, previsto no art. 48 do ECA, ele existe para que não se restabeleçam vínculos de parentesco com os pais biológicos. Inserir estado de filiação é trazer um pai para quem o vindica e, obviamente, suas consequências jurídicas.

Refuta-se aqui que o parentesco biológico possa ser estabelecido desde que inexista uma relação que a ele se sobreponha. Não é caso de sobreposições de vínculos parentais. Conforme dito anteriormente, diante da realidade plural de determinadas famílias, esses vínculos não são mais de sobreposições ou exclusões. São casos, sim, de reconhecimentos concomitantes. Primeiro porque, desfazer o vínculo socioafetivo, seria como apagar uma parte da história vivida por pai e filha, o que seria desleal tanto com um quanto com outra. Por outro lado, a filha buscava o estabelecimento da paternidade biológica por necessidade financeira, para poder custear seus estudos e, não permitir isso, seria também negar dois direitos: o da paternidade e o dos alimentos.

Por isso, refuta-se aqui o argumento levantado pela tese vencida de que a multiparentalidade só possa ser estabelecida quando o pai biológico quer ser o pai e o pai socioafetivo não quer deixar de sê-lo. Isto porque, a grande realidade do Brasil no que se refere às ações de investigação de paternidade é que os pais biológicos não reconhecem espontaneamente seus filhos, necessitando das ações de investigação. Nesses casos, se a multiparentalidade fosse ser reconhecida apenas quando o pai biológico assim o desejasse, estar-se-ia prestigiando uma conduta de irresponsabilidade, ferindo o princípio da paternidade responsável. O tempo em que este pai biológico deixa de reconhecer seu filho, ele se exime de suas condutas de pai, sejam elas patrimoniais ou extrapatrimoniais, o que é muito cômodo.

Segundo o Ministro Fachin, fica a critério do pai esse estabelecimento ou não, por conta da existência de um vínculo socioafetivo já firmado. Cabe aqui lembrar uma observação feita por José Luiz Gavião de Almeida, sobre desigualdades fáticas e os filhos ainda não reconhecidos, com relação aos seus efeitos jurídicos. Afirma Gavião que, em casos de desigualdade fática, seria impossível sua extinção, uma vez que, por exemplo, filhos não vindos de casamento não podem ter o reconhecimento automaticamente estabelecido, necessitando de perfilhação voluntária ou judicial.[37] Os efeitos jurídicos da paternidade só têm início com o reconhecimento estampado em registro.

---

37. Citações extraídas de: PAIANO, Daniela Braga. op. cit. Acesso em 1.10.2021. ALMEIDA, José Luiz Gavião de. O direito de família e a Constituição de 1988. In: MORAES, Alexandre. *Os 20 anos da*

Assim, a tese por ele proposta "diante da existência de vínculo socioafetivo com um pai e vínculo apenas biológico com outro genitor, ambos devidamente comprovados, somente o vínculo socioafetivo se impõe juridicamente, gerando vínculo parental e os direitos dele decorrente, assegurado o direito personalíssimo à revelação da ascendência genética",[38] foi vencida, sendo acompanhada, apenas, pelo Ministro Teori Zavascki.

Para os adeptos dessa teoria, explica Michele Camacho que "o ascendente genético não pode ser considerado como pai, já que não exerceu a paternidade em sua plenitude, com todo ofício que lhe é inerente".[39]

Como não existe hierarquia entre as espécies de filiação, também não pode haver hierarquia entre as espécies de paternidade. O vínculo socioafetivo não é mais ou menos importante que o biológico. Sua imposição jurídica, em detrimento do biológico, é negar parte da história de vida da autora e deixá-la no esquecimento. Por isso, entende-se que a melhor decisão nesses casos de dupla paternidade seja sim o reconhecimento de ambas, espelhando a história de vida desse filho que vivencia tal situação.

1.3 AS CONSEQUÊNCIAS DO JULGAMENTO

Antes do julgamento pelo STF, os casos em que se admitiam a multiparentalidade eram poucos e, como já mencionado, esse modelo de se reconhecer a parentalidade de forma inclusiva, eram raros. Com a decisão no RE 898.060 e a fixação da tese, os julgados envolvendo a temática começaram a aumentar e hoje o tema pode ser encontrado nos diversos tribunais.

Pretende-se nesse momento do livro trazer os reflexos da tese nos julgamentos pelo STJ, mostrando qual a tendência do Tribunal; após, fazer uma análise dos casos na base de dados do Tribunal de Justiça do Estado de São Paulo, no período de um ano, com uma análise geral dos dados levantados.

Com isso, poderá ser aqui mostrado quais os reflexos e consequências da fixação da tese para os diversos órgãos julgadores, finalizando com alguns argumentos favoráveis e contrários à tese, para então analisar, no próximo capítulo, a multiparentalidade na via extrajudicial.

Constituição da República Federativa do Brasil. São Paulo: Atlas, 2009, p. 386.

38. YOUTUBE. Pleno: Paternidade socioafetiva não exime de responsabilidade o pai biológico. Disponível em: https://www.youtube.com/watch?v=vMgMQ0DdVbE. Acesso em: 19 out. 2021.

39. CAMACHO, Michele. *Multiparentalidade e efeitos sucessórios.* São Paulo: Almedina, 2020, p. 142.

1.3.1   Os casos no STJ e a tendência dos julgamentos

No STJ foram encontrados sete julgados envolvendo a multiparentalidade até a data de 25 de abril de 2022 (em consulta no dia 24 de julho de 2024, onze foram os casos encontrados). Dois deles já foram mencionados no tópico 'antecedentes da tese'– entenderam pela não ocorrência da multiparentalidade (razões já expostas). Esta parte do trabalho abordará os outros cinco casos, todos posteriores à fixação da tese pelo STF, que reconheceram a possibilidade jurídica da multiparentalidade.

O primeiro julgamento no STJ favorável ao tema é de outubro de 2018 (REsp 1704972/CE). Admitiu a inserção da filiação socioafetiva (art. 1.593 do Código Civil) pela posse de estado de filho.[40]

Já o caso do REsp 1608005/SC (14 de maio de 2019) não teve a formação de um tríplice vínculo – dois pais e uma mãe. Formou-se a paternidade embasada em laços biológicos e socioafetivos, que é reconhecida, por parte da doutrina, como uma espécie de multiparentalidade.[41] Foi uma situação de união homo-

---

40. STJ. REsp 1704972/CE, Rel. Ministro Ricardo Villas Bôas Cueva, Terceira Turma, julgado em 09.10.2018, DJe 15.10.2018. Disponível em: https://scon.stj.jus.br/SCON/jurisprudencia/doc.jsp?livre=MULTIPA-RENTALIDADE&b=ACOR&p=false&l=10&i=4&operador=mesmo&tipo_visualizacao=RESUMO. Acesso em: 05 out. 2021.
    Recurso especial. Direito de família. Socioafetividade. Art. 1.593 do Código Civil. Paternidade. Multiparentalidade. Possibilidade. Súmula 7/STJ. Indignidade. Ação autônoma. Arts. 1.814 e 1.816 do código civil de 2002. 1. Recurso especial interposto contra acórdão publicado na vigência do Código de Processo Civil de 1973 (Enunciados Administrativos 2 e 3/STJ).
    (...) 5. À luz do art. 1.593 do Código Civil, as instâncias de origem assentaram a posse de estado de filho, que consiste no desfrute público e contínuo dessa condição, além do preenchimento dos requisitos de afeto, carinho e amor, essenciais à configuração da relação socioafetiva de paternidade ao longo da vida, elementos insindicáveis nesta instância especial ante o óbice da Súmula 7/STJ. 6. A paternidade socioafetiva realiza a própria dignidade da pessoa humana por permitir que um indivíduo tenha reconhecido seu histórico de vida e a condição social ostentada, valorizando, além dos aspectos formais, como a regular adoção, a verdade real dos fatos. 7. O Supremo Tribunal Federal, ao julgar o Recurso Extraordinário nº 898.060, com repercussão geral reconhecida, admitiu a coexistência entre as paternidades biológica e a socioafetiva, afastando qualquer interpretação apta a ensejar a hierarquização dos vínculos. 8. Aquele que atenta contra os princípios basilares de justiça e da moral, nas hipóteses taxativamente previstas em lei, fica impedido de receber determinado acervo patrimonial por herança. 9. A indignidade deve ser objeto de ação autônoma e seus efeitos se restringem aos aspectos pessoais, não atingindo os descendentes do herdeiro excluído (arts. 1.814 e 1.816 do Código Civil de 2002). 10. Recurso especial não provido. (REsp 1.704.972/CE, relator Ministro Ricardo Villas Bôas Cueva, Terceira Turma, julgado em 09.10.2018, DJe de 15.10.2018.)
41. Recurso especial. Direito de família. União homoafetiva. Reprodução assistida. Dupla paternidade ou adoção unilateral. Desligamento dos vínculos com doador do material fecundante. Conceito legal de parentesco e filiação. Precedente da suprema corte admitindo a multiparentalidade. Extrajudicicialização da efetividade do direito declarado pelo precedente vinculante do STF atendido pelo CNJ. Melhor interesse da criança. Possibilidade de registro simultâneo do pai biológico e do pai socioafetivo no assento de nascimento. Concreção do princípio do melhor interesse da criança. 1. Pretensão de inclusão de dupla paternidade em assento de nascimento de criança concebida mediante as técnicas

afetiva masculina em que a doadora de material genético e quem cedeu o útero foi irmã de uma das partes. Como o desejo da formação familiar pertencia ao casal homoafetivo, a criança ficou com dois pais em seu registro. Essa situação é considerada por parte da doutrina como de multiparentalidade pois possui o vínculo biológico e socioafetivo, ao mesmo tempo.

Também no ano de 2019, em outubro, em ação de investigação de paternidade de filho já adotado pelos tios maternos, afastou-se a possiblidade de cancelar o registro decorrente da adoção, reconhecendo a possibilidade de investigação cumulada com alimentos. Como consequência, admitiu-se o duplo registro, incluindo o pai biológico sem exclusão dos pais adotivos e com o reconhecimento de todos os efeitos.[42]

---

de reprodução assistida sem a destituição de poder familiar reconhecido em favor do pai biológico. 2. "A adoção e a reprodução assistida heteróloga atribuem a condição de filho ao adotado e à criança resultante de técnica conceptiva heteróloga; porém, enquanto na adoção haverá o desligamento dos vínculos entre o adotado e seus parentes consanguíneos, na reprodução assistida heteróloga sequer será estabelecido o vínculo de parentesco entre a criança e o doador do material fecundante" (Enunciado 111 da Primeira Jornada de Direito Civil). 3. A doadora do material genético, no caso, não estabeleceu qualquer vínculo com a criança, tendo expressamente renunciado ao poder familiar. 4. Inocorrência de hipótese de adoção, pois não se pretende o desligamento do vínculo com o pai biológico, que reconheceu a paternidade no registro civil de nascimento da criança. 5. A reprodução assistida e a paternidade socioafetiva constituem nova base fática para incidência do preceito "ou outra origem" do art. 1.593 do Código Civil. 6. Os conceitos legais de parentesco e filiação exigem uma nova interpretação, atualizada à nova dinâmica social, para atendimento do princípio fundamental de preservação do melhor interesse da criança. 7. O Supremo Tribunal Federal, no julgamento RE 898.060/SC, enfrentou, em sede de repercussão geral, os efeitos da paternidade socioafetiva, declarada ou não em registro, permitindo implicitamente o reconhecimento do vínculo de filiação concomitante baseada na origem biológica. 8. O Conselho Nacional de Justiça, mediante o Provimento 63, de novembro de 2017, alinhado ao precedente vinculante da Suprema Corte, estabeleceu previsões normativas que tornariam desnecessário o presente litígio. 9. Reconhecimento expresso pelo acórdão recorrido de que o melhor interesse da criança foi assegurado. 10. Recurso Especial desprovido (REsp 1.608.005/SC, relator Ministro Paulo de Tarso Sanseverino, Terceira Turma, julgado em 14.05.2019, DJe de 21.05.2019). Disponível em: https://scon.stj.jus.br/SCON/jurisprudencia/doc.jsp?livre=MULTIPA-RENTALIDADE&b=ACOR&p=false&l=10&i=3&operador=mesmo&tipo_visualizacao=RESUMO. Acesso em: 05 out. 2021.

42. STJ. AgInt nos EDcl nos EDcl no REsp 1607056/SP, Rel. Ministro Luis Felipe Salomão, Quarta Turma, julgado em 15.10.2019, DJe 24.10.2019. Disponível em: https://scon.stj.jus.br/SCON/jurisprudencia/doc.jsp?livre=MULTIPARENTALIDADE&b=ACOR&p=false&l=10&i=2&operador=mesmo&tipo_visualizacao=RESUMO. Acesso em: 05 out. 2021.
Agravo interno e embargos de declaração. Processual civil e civil. Direito de família. Ação de investigação de paternidade de filho que já fora adotado pelos tios maternos. Intempestividade dos embargos declaratórios. Homologação do pedido de desistência. Ausência de julgamento extra petita e de inovação na lide. Possibilidade jurídica relativamente à investigação de paternidade reconhecida por esta corte. Investigação de paternidade julgada procedente. Multiparentalidade. Possibilidade. 1. Homologa-se a desistência dos segundos embargos de declaração (fls. 1.881-1.893) pleiteada por JRM às fls. 1.899-1900, requerimento decorrente da certidão de fl. 1.897, na qual atestado que o recurso foi apresentado fora do prazo legal. 2. Este recurso especial foi distribuído por prevenção de Turma, em virtude do REsp 220.623/SP, de relatoria do Ministro Fernando Gonçalves. Naquele feito, foi afastada a pretensão de cancelamento do registro de nascimento decorrente da adoção e reconhecida a possibilidade jurídica

No REsp 1745411/RS, julgado em 17 de agosto de 2021, a multiparentalidade também foi reconhecida a fim de se inserir o pai biológico ao lado do socioafe-

do pedido relativamente à investigatória e aos alimentos. 3. Não se verifica a ocorrência de julgamento extra petita, nem de tema não prequestionado ou de inovação na lide no que se refere à determinação de duplo registro no assento de nascimento. O autor moveu, contra o agravante, investigação de paternidade e alimentos, cumulando tal ação com "anulatória de paternidade e maternidade" em face de seus tios maternos/pais adotivos. O duplo registro decorre, simplesmente, da procedência do pedido formulado na ação de investigação de paternidade e da improcedência do pedido de cancelamento do registro de adoção - valendo registrar que, no julgamento do mencionado REsp 220.623/SP, já transitado em julgado, a Quarta Turma concluiu pela possibilidade jurídica do pedido formulado na investigatória, bem como pela impossibilidade jurídica quanto ao cancelamento da adoção –, sendo perfeitamente possível ao magistrado julgar procedente apenas uma das demandas, sob pena de ter de julgar procedentes ou improcedentes todos os pedidos conjuntamente, sem poder fazê-lo somente quanto a um deles. Além disso, ao contrário do que afirma o agravante, em momento algum o autor restringiu sua pretensão à "mera ciência da ancestralidade genética e alimentos", buscando, isto sim, desde a inicial, a inclusão do nome do pai verdadeiro em seu registro de nascimento. 4. O fato de ter havido a adoção plena do autor não o impede de forma alguma de ter reconhecida a verdade biológica quanto a sua filiação. Isso porque "o art. 27 do ECA não deve alcançar apenas aqueles que não foram adotados, porque jamais a interpretação da lei pode dar ensanchas a decisões discriminatórias, excludentes de direitos, de cunho marcadamente indisponível e de caráter personalíssimo, sobre cujo exercício não pode recair nenhuma restrição, como ocorre com o direito ao reconhecimento do estado de filiação" (REsp 813.604/SC, Rel. Min. Nancy Andrighi, Terceira Turma, DJ de 17.09.2007), processo no qual, a exemplo do que se verifica nestes autos, não havia "vínculo anterior, com o pai biológico, para ser rompido, simplesmente porque jamais existiu tal ligação, notadamente, em momento anterior à adoção". Nunca constou do registro de nascimento do autor o nome do pai biológico e, no tocante à mãe biológica, que faleceu por complicação do parto, única pessoa com quem havia vínculo prévio reconhecido, trata-se de tema que não foi sequer analisado no recurso especial, pois não apreciado pelas instâncias ordinárias. 5. A procedência do pedido de investigação de paternidade – o que não é objeto de insurgência por ambas as partes – de filho que fora adotado pelos tios maternos, com o pleito de novo assento, constando o nome do pai verdadeiro, implica o reconhecimento de todas as consequências patrimoniais e extrapatrimoniais daí advindas, sob pena de admitir-se discriminação em relação à condição de adotado. 6. Esse entendimento está em consonância com a orientação dada pelo Supremo Tribunal Federal, que reconheceu a repercussão geral do tema no RE 898.060/SC, Relator Ministro Luiz Fux, DJe de 24.08.2017, preconizando que "a paternidade socioafetiva, declarada ou não em registro público, não impede o reconhecimento do vínculo de filiação concomitante baseado na origem biológica, com todas as suas consequências patrimoniais e extrapatrimoniais". Com efeito, a multiparentalidade é admitida tanto pelo STJ, como pelo STF. 7. A tese defendida pelo agravante de que "aqui não se trata de coexistência entre as paternidades biológica e socioafetiva", reconhecida pelo Supremo Tribunal Federal, o que impediria o reconhecimento da multiparentalidade, revela-se, na verdade, contrária aos seus próprios interesses. É inegável que, muito antes da filiação adotiva, estava configurada também a filiação socioafetiva do autor para com seus tios maternos/pais adotivos desde o nascimento, não havendo qualquer razão que justifique interpretação diversa daquela dada pela Suprema Corte a respeito do tema. 8. O Direito de Família vem evoluindo de modo significativo nos últimos tempos, rompendo-se com décadas de tratamento discriminatório dispensado tanto aos filhos havidos fora do casamento, como à própria mulher, principalmente se envolvida grande desigualdade social, como na espécie dos autos. 9. Diante das circunstâncias do caso concreto, inexiste qualquer impedimento para o reconhecimento da multiparentalidade, sob pena de punir o filho em detrimento do descaso de seu pai biológico por anos a fio. Se este não pode ser compelido a tratar o autor como filho, deve ao menos arcar financeiramente com a paternidade responsável em relação à prole que gerou. 10. Agravo interno não provido. Homologada a desistência dos embargos de declaração intempestivos formulada às fls. 1.899-1.900 (AgInt nos EDcl nos EDcl no REsp 1.607.056/SP, relator Ministro Luis Felipe Salomão, Quarta Turma, julgado em 15.10.2019, DJe de 24.10.2019).

tivo. Discutia-se a coisa julgada de ação anterior. Todavia, o pedido da segunda demanda era mais abrangente que o da primeira, não ferindo a coisa julgada.[43]

---

43. STJ. REsp 1745411/RS, Rel. Ministro Marco Aurélio Bellizze, Terceira Turma, julgado em 17.08.2021, DJe 20/08/2021. Disponível em: https://scon.stj.jus.br/SCON/jurisprudencia/doc.jsp?livre=MULTI-PARENTALIDADE&b=ACOR&p=false&l=10&i=1&operador=mesmo&tipo_visualizacao=RESU-MO. Acesso em: 05 out. 2021.

Recurso especial. Ação de investigação de paternidade, em que se pretende seja declarada a coexistência da paternidade socioafetiva com a paternidade biológica (multiparentalidade), de acordo com orientação jurisprudencial vinculante do supremo tribunal federal. Extinção do feito sem julgamento de mérito, em razão de suposta conformação da coisa julgada em ação anterior na qual se reconheceu a prevalência da paternidade socioafetiva, presumida pelo estado de posse de filiação, sobre a paternidade biológica. Lides diversas, com pedidos, em certa extensão, e causa de pedir distintos. Reconhecimento. Coisa julgada. Afastamento. Necessidade. Recurso especial provido. 1. A controvérsia submetida à análise desta Corte de Justiça centra-se em definir, em síntese, se a ação subjacente, na qual se pretende o reconhecimento e a declaração da paternidade biológica da parte demandada, mantendo-se, no assentamento de nascimento do autor, o pai registral (pai socioafetivo), desborda da coisa julgada formada em ação anterior, entre as mesmas partes, em que se vindicou o reconhecimento da paternidade biológica, em substituição à figura do pai registral. 2. A eficácia preclusiva da coisa julgada impede o ajuizamento de nova ação, entre as mesmas partes, com o escopo de rediscutir a lide definitivamente julgada, reeditando, para isso, a mesma causa de pedir e pedido expendidos na ação primeva. Pressupõe-se, para tanto, a tríplice identidade dos elementos da ação (partes, causa de pedir e pedido). 2.1 É fato inquestionável que, em ambas as ações, o demandante pretende o reconhecimento da paternidade biológica em relação ao réu, sendo irrelevante, a esse propósito, o nomen juris atribuído pelo autor em cada demanda. Há, nesse pedido feito nas ações em cotejo, uma destacada distinção quanto a sua extensão: enquanto na primeira ação objetivou-se a retificação do assento de nascimento, a fim de substituir o nome ali constante, do pai registral, pelo nome do pai biológico; na subjacente ação, o autor busca o reconhecimento concomitante dos vínculos parentais de origem afetiva e biológica, pugnando, assim, pela inclusão da respectiva filiação baseada na origem biológica no seu registro de nascimento, sem prejuízo da atual filiação socioafetiva do autor. Já se pode antever que o pedido de reconhecimento de paternidade, objeto indiscutivelmente das ações ora em exame, não se apresenta formulado de modo idêntico nas ações em exame, sobretudo na extensão vindicada em cada qual, o que autorizaria, por si, a conclusão de que se trata de lides diversas. 2.2 Afigura-se absolutamente possível, ademais, a repetição de pedido feito em ação anterior, transitada em julgado, sem que se incorra, nessa nova ação, no pressuposto processual negativo da coisa julgada, na hipótese desse pedido encontrar-se fundado em fatos e ou fundamentos jurídicos diversos, caso dos autos. 3. Para a adequada delimitação da causa de pedir, de acordo com a teoria da substanciação, acolhida pelo sistema processual, impõe-se ao demandante o dever de, além de expor os fatos que, por sua relevância jurídica, repercutem em seu direito, também apresentar, em justificação, os fundamentos jurídicos deste, aduzindo a que título o ordenamento jurídico acolhe sua pretensão, sendo irrelevante, a esse propósito, a indicação de dispositivos legais (fundamento legal). 3.1 Ainda que sobre a motivação da sentença transitada em julgado não recaiam tais atributos, nos termos do art. 504, I e II do CPC/2015, sua análise também se revela imprescindível para se determinar o exato alcance da coisa julgada. Isso porque há uma inerente correlação lógica entre a causa petendi e o pedido nela fundado, gizados na inicial, com a fundamentação e a parte dispositiva, respectivamente, expendidas na sentença. Este exame, aliás, ganha especial relevância em se tratando de sentença de improcedência, como se deu na hipótese dos autos. 4. Na primeira ação, o autor deduziu (como fato jurídico) que, no ano de 2008, obteve ciência de que seu pai registral – falecido quando o demandante tinha apenas 7 anos de idade – não é seu pai biológico, razão pela qual, centrado no estado de filiação decorrente da origem biológica (fundamento jurídico), requereu o reconhecimento de paternidade em relação ao demandado, com respectiva modificação do registro de nascimento, fazendo dele constar o pai biológico, com

O sétimo julgado foi noticiado em 4 de outubro 2021 com a seguinte chamada: "Quarta Turma veda tratamento diferente entre pais biológico e socioafetivo no registro civil multiparental".[44]

O caso traz à baila, novamente, a discussão existente entre eventual hierarquia das paternidades biológica e socioafetiva nas relações de multiparentalidade. Isto porque, em segundo grau de jurisdição, o Tribunal entendeu pela possibilidade do duplo vínculo de filiação, permitindo a averbação do nome do pai socioafetivo no registro do filho, desde que a condição de socioafetividade constasse na certidão de nascimento. Violando a fixação do Tema 622 do STF, o Tribunal não reconheceu a possibilidade de se dar os efeitos patrimoniais, em especial o sucessório na filiação socioafetiva.[45]

---

exclusão do pai registral ali antes referido. 4.1 Em que pese à realização de exame de DNA, cujo laudo atestou, segundo a probabilidade de 99,99%, a paternidade biológica do demandado, o Tribunal de origem, ao final, julgou o pedido improcedente, sob o fundamento central de que a posse do estado de filho, por considerável período, a revelar, por si, a caracterização de paternidade afetiva, prevalece sobre a paternidade biológica, desfecho, esse, que transitou em julgado. A paternidade socioafetiva, tal como reconhecida naquele feito, encontra-se, esta sim, sob o manto da coisa julgada, indiscutivelmente. 4.2 Dos fundamentos adotados pela Corte estadual naquela ação, constata-se não ter havido nenhuma incursão propriamente quanto ao direito da personalidade consistente na busca pela origem genética e à possibilidade de coexistência dos vínculos de filiação constituído pela relação afetiva e o originado pela ascendência biológica, na perspectiva da dignidade humana e da busca de felicidade do indivíduo (como veio a chancelar, posteriormente, o Supremo Tribunal Federal) – até porque esses não foram os enfoques dados pelo demandante em suas alegações. 5. Na subjacente ação, o demandante, diversamente, busca o reconhecimento concomitante dos vínculos parentais de origem afetiva e biológica, com fundamento na absoluta compatibilidade dos direitos à ancestralidade e à origem genética com o da afetividade, afastando-se qualquer interpretação apta a ensejar a hierarquização dos correlatos vínculos, valendo-se expressamente da orientação jurisprudencial firmada pelo Supremo Tribunal Federal em 2016, com repercussão geral e força vinculante da seguinte tese jurídica: "A paternidade socioafetiva, declarada ou não em registro público, não impede o reconhecimento do vínculo de filiação concomitante baseado na origem biológica, com os efeitos jurídicos próprios" (STF. RE 898060, Relator Luiz Fux, Tribunal Pleno, julgado em 21.09.2016, Processo Eletrônico – Repercussão Geral – Mérito. DJe-187, divulg. 23.08.2017, public. 24.08.2017). 6. Nesse contexto, a renovação do pedido de reconhecimento da paternidade biológica (em extensão diversa), com estes novos fundamentos jurídicos, evidenciam o manejo de uma lide absolutamente distinta daquela anterior, transitada em julgado. 6.1 A interpretação que ora se confere à hipótese dos autos – que guarda, em si, situação indiscutivelmente tênue – tem por norte hermenêutico a necessidade de se resguardar "o exercício do direito fundamental à busca da identidade genética, como natural emanação do direito de personalidade de um ser", capaz de transpor, acaso presentes, óbices processuais. 7. Recurso especial provido (REsp 1.745.411/RS, relator Ministro Marco Aurélio Bellizze, Terceira Turma, julgado em 17.08.2021, DJe de 20.08.2021).

44. STJ. Quarta Turma veda tratamento diferente entre pais biológico e socioafetivo no registro civil multiparental. Disponível em: https://www.stj.jus.br/sites/portalp/Paginas/Comunicacao/Noticias/04102021-Quarta-Turma-veda-tratamento-diferente-entre-pais-biologico-e-socioafetivo-no-registro-civil-multiparental.aspx. Acesso em: 04 out. 2021.

45. STJ. REsp 1487596/MG, Rel. Ministro Antonio Carlos Ferreira, Quarta Turma, julgado em 28.09.2021, DJe 1º.10.2021. Acesso em: 29 dez. 2021.

Recurso especial. Direito civil. Ação declaratória de paternidade socioafetiva. Reconhecimento da multiparentalidade. Tratamento jurídico diferenciado. Pai biológico. Pai socioafetivo. Impossibilida-

Cabe mencionar que, os registros civis mais antigos tinham o campo 'paternidade' e 'maternidade'. Muitas vezes o espaço deixado para constar o nome do pai ficava em branco, porque este não havia reconhecido seu filho. Todavia, a Lei de Registros Públicos (Lei 6.015 de 1973) foi alterada, mudando o modelo padrão das certidões de nascimento para que agora conste 'filiação' – e não mais paternidade e maternidade. Com isso, evitam-se situações constrangedoras e discriminatórias. Agora, a 'filiação' é preenchida de acordo com a realidade de vida da pessoa, evitando termos que acabam sendo pejorativos.

O próprio padrão de registro atual não admite mais situações que possam gerar constrangimento à pessoa. E, uma decisão de segundo grau de jurisdição que determina a categorização de filiação socioafetiva, é, minimamente, discriminatória, voltando ao estado de que uma filiação tenha mais valor que a outra. Essa decisão é uma afronta ao princípio do melhor interesse do filho. Ademais, a supressão dos efeitos patrimoniais do reconhecimento da filiação, além de atingir direitos fundamentais do investigante, seria um retrocesso, violando o princípio da igualdade jurídica dos filhos.

Deste modo, a Quarta Turma do Superior Tribunal de Justiça (STJ) declarou a impossibilidade de se dar tratamento distinto para o pai socioafetivo que deva ser incluído no registro civil do filho, ao lado do pai biológico, não rotulando e categorizando as espécies de filiação. Com essa decisão, o STJ fez valer a tese firmada pelo STF no que diz respeito à possibilidade jurídica da multiparentalidade e seus efeitos jurídicos.

---

de. Recurso provido. 1. O Supremo Tribunal Federal, ao reconhecer, em sede de repercussão geral, a possibilidade da multiparentalidade, fixou a seguinte tese: "a paternidade socioafetiva, declarada ou não em registro público, não impede o reconhecimento do vínculo de filiação concomitante baseado na origem biológica, com os efeitos jurídicos próprios" (RE 898060, Relator: Luiz Fux, Tribunal Pleno, julgado em 21.09.2016, processo eletrônico repercussão geral – Mérito DJe-187 Divulg 23.08.2017 Public 24.08.2017). 2. A possibilidade de cumulação da paternidade socioafetiva com a biológica contempla especialmente o princípio constitucional da igualdade dos filhos (art. 227, § 6º, da CF). Isso porque conferir "status" diferenciado entre o genitor biológico e o socioafetivo é, por consequência, conceber um tratamento desigual entre os filhos. 3. No caso dos autos, a instância de origem, apesar de reconhecer a multiparentalidade, em razão da ligação afetiva entre enteada e padrasto, determinou que, na certidão de nascimento, constasse o termo "pai socioafetivo", e afastou a possibilidade de efeitos patrimoniais e sucessórios. 3.1. Ao assim decidir, a Corte estadual conferiu à recorrente uma posição filial inferior em relação aos demais descendentes do "genitor socioafetivo", violando o disposto nos arts. 1.596 do CC/2002 e 20 da Lei 8.069/1990. 4. Recurso especial provido para reconhecer a equivalência de tratamento e dos efeitos jurídicos entre as paternidades biológica e socioafetiva na hipótese de multiparentalidade. (REsp 1.487.596/MG, relator Ministro Antonio Carlos Ferreira, Quarta Turma, julgado em 28.09.2021, DJe de 1º.10.2021).

Os outros quatro casos (de abril de 2022 a julho de 2024) dois reconhecem a multiparentalidade[46] e dois tratam apenas da questão socioafetiva e não propriamente da multiparentalidade.[47]

Em resumo: nove são os casos envolvendo a temática 'multiparentalidade' julgados pelo STJ a partir de 2015: em 2015, uma demanda improcedente; em 2018, duas demandas, uma reconhecendo e a outra não; em 2019, duas demandas e em 2021 duas demandas, todas pelo reconhecimento, em 2024 e 2022, mais duas reconhecendo. Apenas os dois primeiros casos não reconheceram a multiparentalidade, os outros sete foram favoráveis à tese. Graficamente, seguem os dados:

As ações envolveram inserção (ou não) do pai biológico ou do pai socioafetivo, reconhecimento da posse de estado de filho, dupla paternidade homoafetiva, inserção do pai biológico após a adoção pelos tios, reconhecimento da multiparentalidade (como forma de ampliação da coisa julgada).

O que se pode concluir da análise dos casos julgados até o momento desta pesquisa foi uma evolução do reconhecimento, com sete ações reconhecendo e duas não. A tendência do julgamento das ações sobre multiparentalidade no STJ foi seguir o posicionamento fixado pelo STF, na medida em que a ideia da tese foi sendo amadurecida e aceita pela comunidade jurídica.

---

46. AgInt no REsp 1.911.084/PR, relator Ministro Ricardo Villas Bôas Cueva, Terceira Turma, julgado em 15.04.2024, DJe de 18.04.2024. AgInt no AREsp 1.985.216/SP, relatora Ministra Maria Isabel Gallotti, Quarta Turma, julgado em 15.08.2022, DJe de 17.08.2022.

47. AgInt no REsp 1.526.268/RJ, relator Ministro Raul Araújo, Quarta Turma, julgado em 28.02.2023, DJe de 06.03.2023. REsp 1.867.308/MT, relator Ministro Ricardo Villas Bôas Cueva, Terceira Turma, julgado em 03.05.2022, DJe de 11.05.2022.

1.3.2 Os casos no TJ/SP (período de agosto a dezembro de 2020 e de janeiro a agosto de 2021)

Este estudo realizou uma pesquisa livre com o termo 'multiparentalidade' no Tribunal de Justiça do Estado de São Paulo em dois períodos: o primeiro, de agosto a dezembro de 2020 e o segundo, de janeiro a agosto de 2021. Fez-se uma análise quantitativa dos casos, quais ações trataram do tema, quantas reconheceram ou não a multiparentalidade e seus principais aspectos. Utilizou-se de tabelas e gráficos para demonstrar os dados levantados e, ao final, mostrou-se uma tendência dos julgamentos no período apontado.

Antes de mais nada, cabe ressaltar que, o período escolhido para a pesquisa é posterior ao julgamento pelo STF (ocorrido em 2016). Cabe, ainda, dizer, como será visto mais adiante, que o Conselho Nacional de Justiça editou dois provimentos permitindo o reconhecimento extrajudicial da multiparentalidade, em cartório e, esta pesquisa também é posterior à edição dos Provimentos. Como visto acima, o impacto da fixação do Tema 622 pelo STF foi de forma favorável ao reconhecimento concomitante das espécies de filiação no STJ, tendo por consequência a multiparentalidade em sete dos nove casos. Agora, nesta parte da pesquisa, ao fazer a análise dos períodos selecionados, será observado o impacto da decisão no Tribunal de Justiça do Estado de São Paulo, analisando qual a tendência desse tribunal sobre a temática.

De modo geral, as ações versaram sobre investigação de paternidade (*post mortem* ou não), cumuladas ou não com retificação de registro civil, guarda e regulamentação de visitas conforme consulta ao *site* do Tribunal de Justiça de São Paulo (em 12 de outubro de 2021), adoção unilateral (que não culminou na destituição do poder familiar), avós pleiteando adoção ou declaração de socioafetividade (pedidos juridicamente impossíveis diante de vedação legal – art. 42, § 1º, do ECA), inclusão da maternidade socioafetiva – sem a exclusão da mãe biológica (em preservação de sua memória) (consultas em 25 de outubro de 2021), ações de adoção (discutindo a destituição ou não do poder familiar) – consulta em 8 de agosto de 2021.

No primeiro período (agosto a dezembro de 2020), tabulando os dados pelo mês, reconhecimento ou não da multiparentalidade e anulação das decisões, com o número total de decisões, tem-se:

Mês/ano	Reconheceu	Não reconheceu	Anulou	Total
Agosto/2020	4	0	1	5
Setembro/2020	4	2	0	6
Outubro/2020	1	2	1	4
Novembro/2020	11	0	0	11
Dezembro/2020	2	4	1	7
Total	22	8	3	33

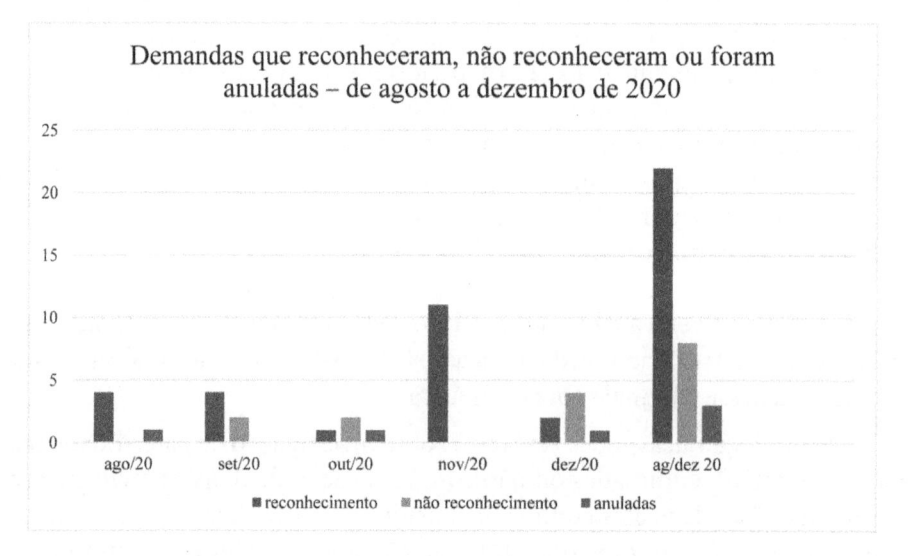

Demandas que reconheceram, não reconheceram ou foram anuladas – de agosto a dezembro de 2020

Fez-se, também, um levantamento de dados por quem requereu a multiparentalidade e o seu desfecho – reconheceu ou não, ou se foi anulada:

Propostas por	Reconheceu	Não reconheceu	Anulou
Filho	12	1	3
Pai	6	5	0
Mãe	3	0	0
Avô	1	1	0
Tios	0	1	0

Graficamente, tem-se, então, o seguinte quadro das demandas julgadas entre agosto e dezembro de 2020:

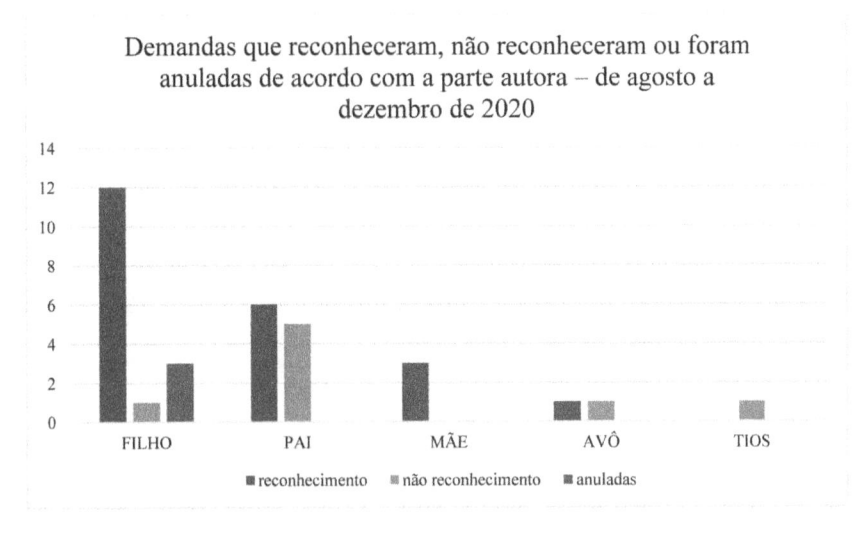

Demandas que reconheceram, não reconheceram ou foram anuladas de acordo com a parte autora – de agosto a dezembro de 2020

■ reconhecimento ■ não reconhecimento ■ anuladas

No segundo período (de janeiro de 2021 a agosto de 2021), optou-se por fazer um levantamento de dados das ações envolvendo a temática e seu desfecho. Tem-se os seguintes dados:[48]

Mês/ano	Reconheceu	Não reconheceu	Anulou	Total
Janeiro/2021	5	1	0	6
Fevereiro/2021	4	2	1	7
Março/2021	5	2	2	9
Abril/2021	3	2	0	5
Maio/2021	8	1	0	9
Junho/2021	4	2	0	6
Julho/2021	6	1	4	11
Agosto/2021	5	0	1	6
TOTAL	40	11	8	59

---

48. TJSP. Pesquisa livre com o tema 'multiparentalidade' no *site* do Tribunal de Justiça de São Paulo no período de janeiro – agosto de 2021. Acesso em: 29 dez. 2021.

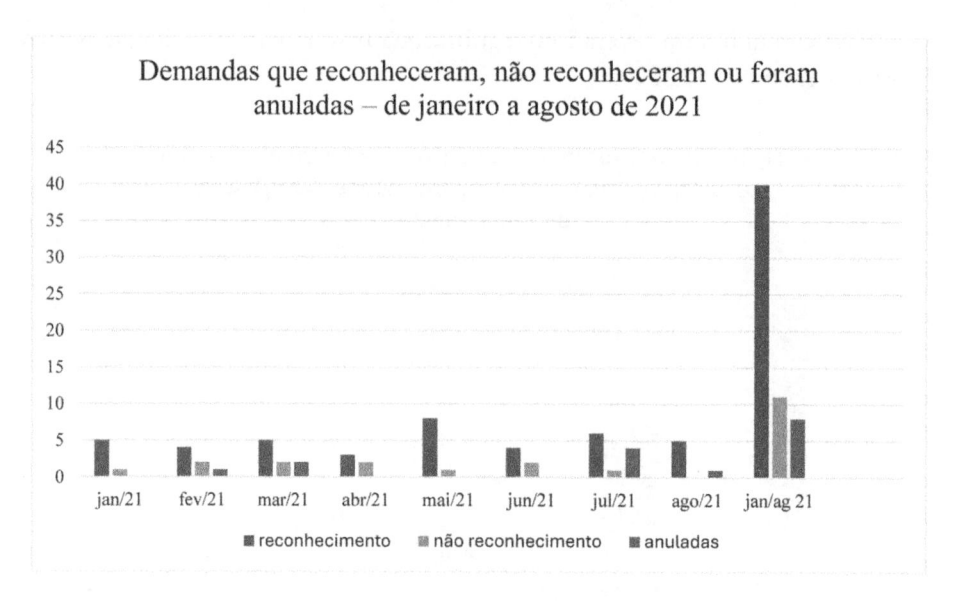

Em síntese, no primeiro período da pesquisa, o Tribunal de Justiça do Estado de São Paulo reconheceu a multiparentalidade ou julgou suas consequências em vinte e duas demandas, não a reconheceu em oito casos e anulou três decisões, totalizando trinta e três demandas sobre a temática, em um período de cinco meses. Já no segundo período (janeiro a agosto de 2021), quarenta delas foram pela procedência da multiparentalidade, superando o número das ações que não reconheceram ou que foram anuladas.

Pode-se perceber, a partir da leitura dos julgados, que as demandas mais recorrentes foram para inserção do pai biológico ou socioafetivo no registro, com a devida retificação no assento de nascimento. Consequentemente, algumas delas já analisaram seus efeitos (além dos que comumente ocorrem – nome, filiação, parentesco), fixando alimentos e determinando guarda e regime de visitas.

Analisando o gráfico do primeiro período, percebe-se que doze demandas propostas por filhos reconheceram a multiparentalidade, três decisões anuladas e apenas uma não reconheceu (a única que não reconheceu é porque o filho queria que o avô constasse como seu pai, o que é proibido por lei). A maioria dos casos continua sendo situações em que o filho busca trazer o pai para o registro. Muitos são os casos em que as pessoas não têm a filiação paterna. Infelizmente é a grande realidade brasileira.

Os números também revelam (no primeiro período), que poucos são os casos em que o pai pretende o reconhecimento, apenas onze – das quais seis reconheceram e cinco não reconheceram a multiparentalidade. Menor quantidade, ainda, é o caso de declaração da maternidade socioafetiva, casos raros, apenas três, todas procedentes (tais demandas ocorreram, em especial, em famílias recompostas).

Observou-se, nas ações que envolviam adoção, que, em casos de relutância do pai ou da mãe biológica, em ser destituído, quando realmente teria havido um abandono, a destituição ocorreu. Interessante analisar que, em situações em que o filho havia sido adotado e foi descoberta a paternidade biológica posteriormente, os julgados foram no sentido de incluir o pai biológico. Isso foge à regra de que a adoção rompe com os laços biológicos, porque, nessas situações, o direito ao conhecimento do vínculo biológico deu origem à inclusão desse pai no registro.

De modo geral, as ações versaram sobre investigação de paternidade (*post mortem* ou não), cumuladas ou não com retificação de registro civil, guarda e regulamentação de visitas conforme consulta ao *site* do Tribunal de Justiça de São Paulo (em 12 de outubro de 2021), adoção unilateral (que não culminou na destituição do poder familiar), avós pleiteando adoção ou declaração de socioafetividade (pedidos juridicamente impossíveis diante de vedação legal – art. 42, § 1º, do ECA), inclusão da maternidade socioafetiva – sem a exclusão da mãe biológica (em preservação de sua memória) (consultas em 25 de outubro de 2021), ações de adoção (discutindo a destituição ou não do poder familiar) – consulta em 8 de agosto de 2021.

Foram encontrados, ainda, casos em que os avós tentaram a declaração da paternidade, mas sem sucesso, já que o pedido encontra vedação legal em casos de adoção de netos por avós.

Em resumo, da análise quantitativa dos dados, a maioria das demandas foi pelo reconhecimento da multiparentalidade. Dessas demandas, quem mais busca pela inserção de um dos genitores em seu registro, é o filho, de maneira que, a tendência é a de que os filhos buscam estampar em suas certidões de nascimento suas realidades de vida.

Em termo exemplificativo, com base no primeiro período, realizou-se uma pesquisa no site do Tribunal de Justiça de São Paulo com os termos "paternidade" e "parentesco" e foram encontradas trezentas e duas demandas (acesso em 7 de janeiro de 2022). De um universo de 302 demandas em um período de cinco meses, 33 foram os casos que envolveram a multiparentalidade. Isso significa que aproximadamente 11% das ações de parentesco versam sobre a multiparentalidade.

Conclui-se, dessa análise de dados, que a multiparentalidade é mais uma forma de se estabelecer a filiação, estampando a realidade de determinadas famílias que têm esse duplo vínculo de parentalidade.

1.3.3 Análise geral dos dados colhidos no Tribunal de Justiça de São Paulo – tendência jurisprudencial

Feito esse levantamento de dados no período de agosto de 2020 a agosto de 2021, verifica-se que sessenta e uma demandas reconheceram a multiparentalidade ou trataram de seus efeitos, dezenove não reconheceram e onze decisões foram anuladas.

Pode-se perceber, de modo geral, que a tendência jurisprudencial é pelo reconhecimento da multiparentalidade. Das decisões que não reconheceram a multiparentalidade, este não reconhecimento não ocorreu por motivos do julgador escolher uma paternidade em detrimento da outra. Tais recusas se deram porque eram pedidos juridicamente impossíveis (como avós querendo ser reconhecidos como pais de seus netos) ou situações que envolviam adoção – se seria feita ou não a destituição do poder familiar, por exemplo, que, na maioria dos casos, a destituição é a regra.

Constata-se, assim, um real amadurecimento da temática, permitindo a coexistência das realidades familiares e, por consequência, múltiplos vínculos parentais. A tendência desses casos julgados pelo Tribunal de Justiça do Estado de São Paulo no período de um ano (agosto de 2020 a 2021) foi o de que, em embates entre a filiação biológica e socioafetiva, prevaleceu a possibilidade jurídica da multiparentalidade. Não se prestigiou uma realidade em detrimento da outra. Foram tratadas de forma igualitária, como meios de se estabelecer vínculos parentais.

Desta forma, com a mudança das relações interpessoais familiares, passou-se da presunção da paternidade calcada no casamento (*pater is est quem nuptie demonstrat*), para a prevalência da paternidade biológica (com o advento do exame de DNA), após, o reconhecimento do vínculo socioafetivo como meio de se formar um vínculo parental – ora prevalecendo sobre o biológico, ora sendo afastado pelo vínculo biológico, para se chegar no estágio atual, admitindo a coexistência dos vínculos parentais, qual seja, da multiparentalidade.

Essas alterações nada mais são do que o reflexo das alterações afetivas vividas pelas pessoas, alterando a forma de se relacionar e possibilitando, nas reconstruções familiares, o exercício de papéis de paternidade ou maternidade para além dos vínculos biológicos.

As novas famílias demandam uma postura ativa seja por parte do legislador, da doutrina ou dos julgadores. Necessita-se de uma ampliação protetiva para as novas realidades familiares. Não se pode deixar à mercê de uma omissão legislativa o não reconhecimento de direitos. E, nesse aspecto, a multiparentalidade veio dar essa proteção para a igualdade jurídica parental, como um reflexo da igualdade jurídica entre as espécies de filiação.

Neste contexto, o Tribunal de Justiça do Estado de São Paulo, ao julgar, no período de um ano, noventa e duas demandas envolvendo as relações de parentesco multiparentais, em sessenta e uma delas, foi reconhecida a multiparentalidade e suas consequências jurídicas, seguindo a fixação da tese firmada pelo STF sobre o tema.

1.3.4 Aspectos doutrinários – dos argumentos favoráveis e contrários à tese

A filiação tem por base o princípio da igualdade jurídica entre os filhos, não podendo estes serem discriminados, independentemente do vínculo que os une aos seus genitores. A base legal está prevista no art. 227, § 6º, da Constituição Federal e no art. 1596 do atual Código Civil. Como já afirmado, os filhos, quando possuem apenas um genitor em seu registro, denomina-se monoparentalidade, quando presente dois, a biparentalidade e, quando houver três ou quatro genitores, a multiparentalidade – calcadas em laços biológicos e socioafetivos.

Trata-se de um avanço na aproximação entre o Direito e a realidade social, concretizando o princípio da igualdade jurídica entre os filhos e vedando a hierarquização entre os critérios de filiação.[49] Sobre a impossibilidade de hierarquização entre as espécies de filiação, afirma Godoy que "os filhos o são quer na origem haja ou não vínculo genético com seus pais".[50]

Percebe-se, na atualidade, uma grande remodelação dos modelos familiares, em que as pessoas buscam sua realização plena. Nesse contexto, a multiparentalidade emerge dessas situações, de filhos ou pais que querem trazer isso às suas vidas. Com ela, passou-se a admitir, por meio de uma circunstância fática, de alguém que tenha, ao mesmo tempo, laços biológicos e socioafetivos de filiação, demandando seu reconhecimento jurídico – seja judicial ou extrajudicial. Neste sentido: "(...) as novas formas de família possibilitaram um novo rumo nas relações de parentalidade e filiação, passando-se de um modelo estritamente estanque para uma visão multiplicadora, onde se tenta adequar as novas formas de filiação à realidade contemporânea".[51]

Em decorrência disso, esses filhos poderão ter inserido em suas certidões, "o nome daquela que elas reconhecem como pais, que as criou, sem que isso im-

---

49. SCHREIBER, Anderson; LUSTOSA, Paulo Franco. Efeitos Jurídicos da Multiparentalidade. *Pensar.* cit., Acesso em: 15 set. 2021.
50. GODOY, Claudio Luiz Bueno de. Op. cit., p. 616.
51. LOUZADA, Flávio Gonçalves. *O reconhecimento da multiparentalidade pelo STF*: o interesse patrimonial em detrimento do afeto? Curitiba: CRV, 2019, p. 30.

porte na retirada da filiação de sua genitora biológica ou na perda dos vínculos com os parentes desta".[52]

A filiação agora não mais admite uma escolha preferencial pela biológica ou socioafetiva. É cabível que ambas sejam reconhecidas ao mesmo tempo, sem a hierarquização de outrora. E com isso, o tema chegou ao Supremo Tribunal Federal, com tese de Repercussão Geral (Tema 622), reconhecendo-se sua possibilidade jurídica.

Explica Michele Camacho que "é um instrumento encontrado pelo Estado para regulamentar a multiplicidade de relações paterno-materno-filiais já existentes, independentemente do vínculo que as formou"[53] (em especial para formação do vínculo biológico que não exige uma construção socioafetiva sobre ele), "e evocar àqueles que se furtam de seu dever constitucional da paternidade responsável, com o intuito de proteger o filho para que alcance seu pleno desenvolvimento físico e psicossocial".[54]

Embora a doutrina reconheça essa necessidade de proteção jurídica aos filhos,[55] no que se refere à multiparentalidade, sua possibilidade jurídica nasceu pela via doutrinária e jurisprudencial (hoje, também, na via extrajudicial) mas ainda não ingressou, por lei, no ordenamento jurídico pátrio. Pertinente a observação de que a multiparentalidade "é uma realidade de vida, cuja complexidade o direito não conseguiu lidar satisfatoriamente até agora, em nenhum país do mundo".[56]

Parte da doutrina divide a multiparentalidade em *lato sensu* (dois pais, duas mães – como no caso da filiação homoafetiva, enquanto alguns denominam de biparentalidade) ou *stricto sensu,* em que a pessoa tenha três ou mais laços parentais.[57]

Verifica-se que o Direito de Família, sensível às alterações de comportamentos e valores sociais, também se altera à medida que essas relações vão sendo modificadas. Na esteira desse pensamento, afirma Maria Rita de Holanda que "Na atualidade, identificamos dois fatos jurídicos que podem dar ensejo à relação entre

52. CORREIA, Emanuelle A. *Os elementos caracterizadores da multiparentalidade.* Belo Horizonte: Dialética, 2020, p. 99.
53. CAMACHO, Michele. Op. cit., p. 178.
54. Idem, ibidem.
55. "O ordenamento pátrio se mostra preocupado em proteger e organizar as diversas formas de filiação, que estão em um processo de evolução, e precisam ser juridicamente resguardadas e reconhecidas". CORREIA, Emanuelle A. Op. cit., p. 51.
56. LÔBO, Paulo. *Direito Civil.* 11. ed. São Paulo: Saraiva, 2021. E-book, p. 616.
57. SCHREIBER, Anderson. LUSTOSA, Paulo Franco. Efeitos Jurídicos da Multiparentalidade. *Pensar* cit., Acesso em: 15 set. 2021.

os sujeitos do liame do parentesco de filiação: o fato biológico do nascimento e o fato social da convivência familiar",[58] além da adoção e das técnicas de reprodução assistida, de modo que, "Tal complexidade implicará na necessidade de novas qualificações normativas, máxime com relação à paternidade e maternidade, não apenas qualitativamente como também quantitativamente".[59]

Uma vez que esses vínculos foram reconhecidos, efeitos jurídicos são produzidos – patrimoniais e extrapatrimoniais. Neste sentido, Adriana e Carlos Aberto Dabus Maluf afirmam que a multiparentalidade é "a possibilidade de o filho possuir dois pais ou duas mães reconhecidos pelo Direito, o biológico e o socioafetivo (...)" produzindo efeitos jurídicos com relação a todos eles.[60]

O reconhecimento da multiparentalidade traz efeitos extrapatrimoniais e patrimoniais. Como efeitos extrapatrimoniais, tem-se:

a) Inserção do nome do genitor ao do filho.

Aqui decorre de qualquer reconhecimento de filiação. Quando se insere um genitor no registro do filho, o nome ('sobrenome') do genitor será incluído no registro. Como exemplo, se o filho se chama "Pontes de Miranda" e se insere um genitor que tenha o apelido de família como Costa, o filho se chamará "Pontes de Miranda Costa". Então, um filho que tenha três genitores no registro, poderá ter três nomes de família acrescidos ao seu.

b) Formação de parentesco com três famílias.

Quando alguém tem a monoparentalidade, via de regra, terá o parentesco formado com dois avós (caso ambos estejam no registro da mãe). Se tiver dois genitores, a biparentalidade, em seu registro constará quatro avós (se todos estiverem presente no registro de seus pais). Nas situações de multiparentalidade, em que o filho tem três genitores (ou mais), ele terá no registro seis avós (considerando todos eles inseridos no registro dos pais).

c) Impedimento matrimonial com três famílias.

Em decorrência da formação de parentesco com três famílias, haverá, por consequência, impedimento matrimonial com todas essas famílias que constarem na certidão de nascimento do filho reconhecido.

---

58. HOLANDA, Maria Rita de. *Multiparentalidade e seus limites*. Disponível em: http://www.publicadireito. com.br/artigos/?cod=38838371c3a50f05, p. 10. Acesso em: 13 jan. 2022.
59. Idem.
60. MALUF, Carlos Alberto Dabus; MALUF, Adriana C. D. R. F. D. *Curso de Direito de Família*. 3. ed. São Paulo: Saraiva, 2018. E-book, p. 945-946.

d)   Regulamentação de guarda e convivência.

No que se refere à regulamentação da guarda e o direito de convivência, por não se tratar de uma família em que os três genitores residam no mesmo local, a guarda, em razão do princípio do melhor interesse da criança e do adolescente será a guarda compartilhada, regra do Código Civil, podendo ser a unilateral, se o caso concreto assim o determinar. A criança terá uma residência principal e o compartilhamento das responsabilidades entre os genitores. Caso seja estabelecida a guarda o casal, o terceiro genitor terá a regulamentação da convivência a ser fixada de acordo com as necessidades do filho.

Nos efeitos patrimoniais, aqui reside o principal argumento contrário à multiparentalidade. Pode-se pensar na questão dos alimentos, previdência e a sucessão:

a)   Alimentos.

Os alimentos são devidos pelos genitores ao filho (ou vice-versa, seguindo o estabelecido no Código Civil. Quando se tratar de multiparentalidade, o filho poderá demandar um genitor, dois ou os três, conforme ele escolher. Deverão os alimentos ser fixados de acordo com o trinômio necessidade de quem pleiteia, possibilidade econômica de quem os paga e razoabilidade no valor a ser fixado. Por consequência dos múltiplos vínculos parentais, ele terá a possibilidade de pedido ampliada.

b)   Previdência.

Quando um filho pleiteia a pensão de seus genitores em decorrência do vínculo plural de parentesco. Não tem, até o presente momento, normativa do INSS que explique como deverá ser o recebimento da pensão por parte do filho, se ele receberá dos dois genitores ou apenas de um.

c)   Herança.

Na questão da sucessão pode acontecer a seguinte situação. Alguém, com vínculos plurais de parentesco, com genitores, falece – sem ser casado/união estável e sem descendentes. A divisão da herança deve ser feita, ao nosso sentir, em três partes iguais, entre seus genitores. Caso faleça seus ascendentes – pais, o filho terá direito à herança de todos eles, já que o STF trouxe por consequência os efeitos patrimoniais como desdobramento do reconhecimento da multiparentalidade.

Pode acontecer, também, deste filho ser casado, não ter descentes e ter três genitores. Caso ele faleça, a divisão da herança deverá ocorrer entre o cônjuge sobrevivente e os pais do *de cujus* – que são três. Dessa forma, entendemos, também, que a divisão da herança deva acontecer em partes igualitárias, ficando ¼ para o cônjuge sobrevivente e ¼ para cada genitor.

Assim, a doutrina se divide entre nos que são favoráveis à multiparentalidade (por todo argumento aqui já lançado) e os que a criticam, em especial com relação aos efeitos patrimoniais. É exatamente no ponto dos efeitos jurídicos que existe uma preocupação exacerbada por parte da doutrina, tentando trazer requisitos para configuração da multiparentalidade ou então, uma tentativa de negar seus efeitos jurídicos.

Para a configuração do vínculo socioafetivo, é necessário, ao longo do tempo, mostrar-se presente na vida das partes. Com relação a esta caracterização, não se vislumbra maiores problemas. Todavia, no que se refere à configuração do vínculo biológico, alguns entendem a necessidade de não apenas demonstrar o parentesco pelo DNA, mas também por algo a mais, como um estreitamento de laços.

Este poderia ser o primeiro contraponto entre a doutrina e a jurisprudência. Isto porque, quando do julgamento do caso pelo STF, o pai biológico não queria ser reconhecido porque a filha já tinha um pai registral socioafetivo. E, no caso, o Supremo entendeu que, uma vez pai, deve-se arcar com as consequências jurídicas do ato, assumindo suas responsabilidades. Não se exigiu nada além do exame pericial para a configuração do vínculo biológico. Por isso, na atualidade, qualquer exigência a mais para a formação do parentesco biológico, vai contra o entendimento fixado pelo STF e, consequentemente, sua admissão, ensejaria em estímulo a uma paternidade irresponsável, o que feriria o melhor interesse do filho.

Certamente, a multiparentalidade é uma quebra de paradigma no que se refere aos padrões de filiação. Sair da monoparentalidade ou biparentalidade para a multiparentalidade, muitas vezes gera desconfianças por parte da sociedade. "Com isso, o senso comum tende a imaginar que a consagração de múltiplos laços de parentesco traria um sem-número de problemas práticos, gerando mais insegurança jurídica que justiça".[61] É claro que quanto mais pessoas participarem de um núcleo familiar, poderá sim haver mais desentendimentos. Todavia, não se pode, por este motivo, permitir que filhos que não foram reconhecidos por seus pais permaneçam por eles desamparados por conta de eventuais problemas práticos!

Discorda-se do entendimento de que caberia, no caso da multiparentalidade, um cuidado pelo intérprete quando da aplicação do enunciado jurisprudencial.

Mais uma vez aqui essa ressalva ou cuidado ao se aplicar a multiparentalidade é colocar requisitos que o julgador não impôs. Alguns exigem cuidado para que a multiparentalidade não seja apenas requerida para efeitos patrimoniais, pois

---

61. SCHREIBER, Anderson. LUSTOSA, Paulo Franco. Efeitos Jurídicos da Multiparentalidade. *Pensar* cit. Acesso em: 15 set. 2021.

seu reconhecimento pode não ser benéfico ao filho e à sociedade, questionam se esse seria o modelo ideal de parentalidade e filiação.[62]

Defende-se aqui que, mesmo para efeitos meramente patrimoniais, nos casos de busca pelo reconhecimento do vínculo biológico, este deve, sim, ser formado. Negá-lo, é negar a realidade de quem o vindica e, consequentemente seus efeitos.

Uma das principais resistências à aceitação da multiparentalidade é a questão sucessória. Para muitos, parece injusto que o filho possa receber herança de mais de dois genitores. Nesse aspecto, cabe apenas tomar cuidado para o reconhecimento socioafetivo *post mortem,* já que o falecido suposto pai não fez o reconhecimento em vida. No mais, no que concerne ao estabelecimento do vínculo biológico, não há por que não se permitir tal direito, mesmo que o intuito do reconhecimento seja meramente patrimonial, afinal, é filho.

Da pesquisa jurisprudencial feita neste trabalho, apenas duas demandas tratavam de investigação de paternidade com petição de herança. A maior parte das ações ainda está no campo do reconhecimento do vínculo e não nos seus efeitos sucessórios. Evidente que, posteriormente, esse aspecto será uma consequência.

Outra discussão que a doutrina traz é com relação à guarda, visitas e alimentos. Explicam Adriana e Carlos Alberto Dabus Maluf que os problemas poderiam ser duplicados, se isso atenderia ou não ao melhor interesse do filho, se a possibilidade de pensão alimentícia duplicada não estimularia o ócio, entre outras coisas. Refletem ainda sobre possível emancipação voluntária, exercício do poder familiar, administração de bens do filho, reparação civil por atos praticados pelo filho.[63]

Realmente, conforme mencionado, diante da existência de vínculos parentais plúrimos, essas questões podem sim surgir, quanto mais pessoas envolvidas em uma discussão familiar, maior pode ser o conflito.

Agora, conforme dito, o que realmente as demandas estão discutindo ainda é a inserção do pai (em especial o biológico) no registro. Poucas foram as demandas julgadas que resolviam, por exemplo, a questão de alimentos e guarda.

Ao que se pode aferir da pesquisa jurisprudencial levantada e da leitura da bibliografia até então realizada, é que a doutrina já antecipa os problemas que podem surgir das situações de multiparentalidade. Todavia, em termos jurisprudenciais, a discussão ainda está em uma etapa inicial, qual seja, a inserção do pai biológico no registro, em sua maior parte.

---

62. MALUF, Carlos Alberto Dabus; MALUF, Adriana C. D. R. F. D. Op. cit., p. 947-948.
63. Idem, p. 949-950.

Concorda-se que, após o estabelecimento do vínculo parental essas questões atinentes à guarda, visita, alimentos, poder familiar e herança serão sim um desdobramento natural da multiparentalidade, todavia, essas questões não podem ser uma barreira ao seu reconhecimento.

Conflitos de natureza existencial ou patrimonial podem surgir, tenham os filhos multiparentalidade ou não. Não é a multiparentalidade em si o problema! Negar o seu reconhecimento por conta de discussões futuras é negar a realidade de vida de algumas pessoas, acarretando um retrocesso no campo do direito de família.

Feitas essas considerações, sobre a evolução do tema tanto na via doutrinária como jurisprudencial, pretende-se, no próximo capítulo, analisar a multiparentalidade na via extrajudicial, analisando os provimentos concernentes ao tema e dados estatísticos, mostrando o avanço do tema para a esfera extrajudicial e a utilidade prática do instituto.

2
DA MULTIPARENTALIDADE EXTRAJUDICIAL

No ano de 2007, com o advento da Lei 11.441,[1] seguida da Resolução 35 do CNJ,[2] o inventário, a partilha, a separação, o divórcio e a extinção consensual da união estável puderam, mediante certos requisitos, ser realizadas em cartório, pela via extrajudicial. Iniciou-se, assim, uma tentativa de tirar a sobrecarga existente no Poder Judiciário, atribuindo aos cartórios a possibilidade de realizar procedimentos no campo do Direito de Família, que antes, necessariamente, tramitariam no âmbito judicial. Pode-se afirmar que essas alterações permitiram um ganho à sociedade, de maneira que, quando não houver litígio, a questão seja resolvida na via administrativa.

O vigente Código de Processo Civil trouxe como um de seus princípios a desjudicialização dos conflitos.[3] A possibilidade da solução desses casos na via extrajudicial permitiu dar celeridade à resolução, de modo que "a atuação de notários e registradores pode contribuir de forma significativa para a efetivação do acesso à ordem jurídica justa com eficiência e celeridade".[4]

Mas, no que toca ao tema central desse trabalho, a via adequada ainda continuava sendo a judicial, em especial porque a maioria das demandas envolve filhos crianças e adolescentes e incapazes. Cabe aqui falar da atuação na via ad-

1. BRASIL. Lei 11441 de 4 de janeiro de 2007. Altera dispositivos da Lei 5.869, de 11 de janeiro de 1973 – Código de Processo Civil, possibilitando a realização de inventário, partilha, separação consensual e divórcio consensual por via administrativa. Disponível em: https://www.planalto.gov.br/ccivil_03/_ato2007-2010/2007/lei/l11441.htm. Acesso em: 24.fev. 2022.
2. CONSELHO NACIONAL DE JUSTIÇA. Resolução 35 de 24 de abril de 2017. Disciplina a lavratura dos atos notariais relacionados a inventário, partilha, separação consensual, divórcio consensual e extinção consensual de união estável por via administrativa (Redação dada pela Resolução 326, de 26.06.2020). Disponível em: https://atos.cnj.jus.br/files/compilado172958202007015efcc816b5a16.pdf. Acesso em: 24 fev. 2022.
3. TARTUCE, Flávio. Da extrajudicialização da parentalidade socioafetiva e da multiparentalidade. *Portal Migalhas*. Publicado em: 29 mar. 2017. Disponível em: https://www.migalhas.com.br/coluna/familia-e-sucessoes/256444/da-extrajudicializacao-da-parentalidade-socioafetiva-e-da-multiparentalidade. Acesso em: 20 fev. 2022.
4. SILVA, Erica Barbosa; TARTUCE, Fernanda. Reconhecimento de Paternidade Socioafetiva no Cartório de Registro Civil: Mudanças Significativas. *Revista IBDFAM*: Família e Sucessões. v. 35, p. 41-50, set./out., 2019.

ministrativa do que concerne ao reconhecimento de filhos, para então mostrar o estágio atual em que a temática se encontra.

Como já mencionado, os filhos nascidos dentro de um matrimônio, para seu registro, o Código Civil traz as presunções do art. 1597, de maneira que, presumidamente, esses filhos são do casal. Prova-se a filiação pela certidão de nascimento (art. 1602 do Código Civil) e o registro pode ser realizado tanto pelo pai quanto pela mãe, bastando apresentar a certidão de casamento e a Declaração de Nascido Vivo (DNV) do filho. Se os pais tiverem utilizado a técnica de reprodução assistida, para o registro, conforme menciona o Provimento CNJ 63/2017, em seu art. 16, devem apresentar, também, uma declaração assinada pelo diretor da clínica atestando a utilização da técnica.[5]

Já os filhos biológicos nascidos fora de uma relação matrimonial podem, espontaneamente, ser reconhecidos em cartório (ou de outro modo), de forma voluntária, nos termos do art. 1.609 do Código Civil. O dispositivo estabelece as maneiras que o reconhecimento pode ocorrer, podendo, inclusive, ser anterior ao nascimento ou posterior ao falecimento (quando este deixar descendentes).

O ato de lavrar o registro dos filhos é um ato notarial e o reconhecimento espontâneo da filiação biológica geralmente ocorre no cartório (salvo os casos mencionados no art. 1.609 do Código Civil).

Mesmo antes da previsão no Código Civil atual, a Lei de Investigação de Paternidade (Lei 8.560 de 1992), em seu art. 2º, trata da possibilidade da averiguação oficiosa da paternidade. Essa averiguação ocorre em situações em que a mãe, não casada, vai registrar seu filho sozinha e o oficial lhe pergunta quem é o pai da criança. A Lei permite que ela indique o suposto pai, que será chamado em juízo para confirmar ou não a paternidade. Caso ele reconheça espontaneamente a paternidade, será lavrado um termo de reconhecimento, averbando-se a paternidade na certidão de nascimento do filho.

Como se sabe, muitos são os filhos que não têm a paternidade em seu registro e, com o intuito de estimular o reconhecimento espontâneo da paternidade, o CNJ editou em 2010, o Provimento CNJ 12[6] e, na sequência o Provimento CNJ 16 de 2012,[7] regulamentando o 'Projeto Pai Presente', permitindo o reconhecimento espontâneo de filhos junto ao Cartório.

---

5. CONSELHO NACIONAL DE JUSTIÇA. Provimento CNJ 16/2017. Disponível em: https://www. 26notas.com.br/blog/?p=13976. Acesso em: 24 fev. 2022.

6. CONSELHO NACIONAL DE JUSTIÇA. Provimento CNJ 12/2010. Disponível em: https://www. normasbrasil.com.br/norma/?id=94600. Acesso em: 24 fev. 2022.

7. CONSELHO NACIONAL DE JUSTIÇA. Provimento CNJ 16/2012. Disponível em: https://www. 26notas.com.br/blog/?p=5372#:~:text=Provimento%20CNJ%20n%C2%BA%2016%2C%20de%20

Esse 'movimento' para o reconhecimento espontâneo da paternidade está presente tanto no Código Civil, como na Lei de Investigação de Paternidade (Lei 8.560 de 1992), bem como nos Provimentos elaborados pelo CNJ, disciplinando e estimulando tal ato. Mas o que está sendo mostrado, até aqui, é do reconhecimento espontâneo da filiação biológica.

Com as remodelagens familiares, muitas mães já com filhos, mas não casadas, viúvas, separadas ou divorciadas, passam a viver novos relacionamentos, surgindo, aqui, a figura do companheiro da mãe que cria seu enteado na condição de filho. A criança passa a tratá-lo como pai e a chamá-lo dessa forma. O afeto passa a permear essas relações, fazendo surgir o desejo de que este 'pai' possa estar estampado no registro do filho, dando-lhe, inclusive, seu nome.

Nesses casos, para que o pai socioafetivo pudesse constar no registro do filho, ele deveria adotar a criança (destituindo o poder familiar do pai biológico, se a criança tivesse um pai) ou propor uma ação declaratória de socioafetividade. Fosse uma, fosse outra, era necessário judicializar a questão, para poder, documentalmente, ter a qualidade de pai.

Para o reconhecimento da filiação biológica de forma espontânea, a demanda não seria necessária. Mas, para o reconhecimento da filiação socioafetiva, uma ação deveria ser proposta, devendo o juiz analisar o caso em concreto.

Foi então que, na tentativa de se igualar as formas de reconhecimento espontânea da paternidade ou maternidade, para que todas pudessem ser feitas em cartório, alguns Tribunais Estaduais, no ano de 2013, começaram a editar provimentos permitindo o reconhecimento da filiação socioafetiva em cartório.

Para evitar esse dissenso de que a depender do lugar poderia a filiação socioafetiva ser reconhecida espontaneamente em cartório e em outros, ingressar com uma demanda, e primando por uma uniformização do procedimento em todo território nacional, o IBDFAM, fez um pedido de providências ao CNJ a fim de uniformizar o procedimento para todo o país. Com isso, surgiu o Provimento CNJ 63 de 2017, permitindo, entre outras coisas, o reconhecimento voluntário e a averbação da paternidade ou maternidade socioafetiva. Esse é o contexto do surgimento do Provimento que permitiu o ingresso da multiparentalidade, via cartório, em todo território nacional.

Diante de tal permissão, hoje é possível, mediante o preenchimento de determinados requisitos, reconhecer, de forma espontânea, a filiação socioafetiva, sem intervenção judicial, apenas na modalidade de um procedimento a ser realizado

---

17.02.2012%20%28Disp%C3%B5e%20sobre,reconhecimento%20espont%C3%A2neo%20de%20filhos%20perante%20os%20referidos%20registradores%29. Acesso em: 24 fev. 2022.

no cartório, de forma extrajudicial. Por consequência, a tendência é a possível diminuição de demandas judiciais para inserção de pais ou mães socioafetivos.

Analisando positivamente o Provimento, Calderón e Tozza afirmam que este permitiu a redução das demandas de reconhecimento de filiação, favorecendo muitas pessoas e facilitando o acesso "a um direito que deve ser assegurado sem maiores obstáculos a todos: o registro do estado de filiação".[8] "A finalidade da norma administrativa do CNJ é a possibilidade da parentalidade socioafetiva, nessa tendência da extrajudicialização e desburocratização do Direito das Famílias".[9]

Todavia, no ano de 2019, com o intuito de esclarecer alguns pontos em que havia controvérsia, o CNJ alterou o Provimento 63, exigindo mais requisitos para o reconhecimento da filiação socioafetiva em cartório. Com isso, foi editado o Provimento CNJ 83 de 2019.

Um dos pontos controversos era se existia a possibilidade ou não do reconhecimento da multiparentalidade na via extrajudicial. Com a edição do último provimento, ficou clara essa possibilidade, desde que observados determinados requisitos.[10]

Cabe ressaltar que, já na primeira edição do Provimento, a multiparentalidade já era possível. Mesmo assim, com o intuito de sanar tal dúvida, a Associação Nacional dos Registradores de Pessoas Naturais – ARPEN BRASIL, no dia 6 de dezembro de 2017, emitiu uma nota de esclarecimento sobre o Provimento CNJ 63, afirmando que o reconhecimento em cartório era tanto para a filiação socioafetiva como para o reconhecimento da multiparentalidade.[11]

Afirmam Karina e Marcos que a finalidade do Provimento "é o reconhecimento da parentalidade socioafetiva em uma perspectiva de desburocratização do direito das famílias, cuja origem se deu em função da socioafetividade existente entre pai/ mãe e filho pela posse de estado de filho que gera esse vínculo".[12]

Deste modo, hoje é possível o reconhecimento espontâneo tanto da filiação biológica como da socioafetiva na via extrajudicial, alargando a possibilidade

8. CALDERÓN, Ricardo. TOAZZA, Gabriele Bortolan. Filiação socioafetiva: repercussões a partir do Provimento 63 do CNJ. *Portal Migalhas*. Publicado em: 29 abr. 2019. Disponível em: https://www.migalhas.com.br/arquivos/2019/4/art20190426-07.pdf. Acesso em: 28 jan. 2022.

9. FRANCO, Karina Barbosa. *Multiparentalidade*: uma análise dos limites e efeitos jurídicos práticos sob o enfoque do princípio da afetividade. Belo Horizonte: Fórum, 2021, p. 106.

10. LOUZADA, Flávio Gonçalves. Op. cit., p. 88.

11. ARPENBrasil. Nota de esclarecimento acerca do Provimento 63 do CNJ. Disponível em: ARPEN-BR: Nota de Esclarecimento Provimento CNJ 63. 06 dez. 2017. Colégio Registral do Rio Grande do Sul (colegioregistralrs.org.br). Acesso em: 09 set. 2021.

12. FRANCO, Karina Barbosa. EHRHARDT JÚNIOR, Marcos. Reconhecimento extrajudicial da filiação socioafetiva e multiparentalidade: comentários ao Provimento 63, de 14.11.17, do CNJ. *Revista Brasileira de Direito Civil* – RBDCivil, v. 17, p. 227, Belo Horizonte, jul./set. 2018.

do reconhecimento de um direito fundamental – o da filiação estampada no registro. Por consequência, o reconhecimento da multiparentalidade também é permitido em cartório.

Percebe-se um alargamento de direitos no campo da filiação. De modo que, espontaneamente, ela pode ser reconhecida na via judicial ou extrajudicial, seja a filiação biológica ou socioafetiva, podendo, a partir disso, gerar a multiparentalidade.

Como visto, a multiparentalidade, que teve seu reconhecimento por meio de julgados datados de 2012, foi consagrada pela fixação do Tema 622 do STF, após este reconhecer sua admissibilidade e, na atualidade, pode, inclusive, ser reconhecida na via extrajudicial, mediante alguns requisitos, como se verá a seguir.

Com o intuito de mostrar alguns dados divulgados pela ANOREG/BR (Associação dos Notários e Registradores do Brasil), em um documento denominado Cartório em Números de 2023,[13] serão mostrados abaixo alguns dados estatísticos concernentes ao tema do trabalho e à perspectiva da extrajudicialização.

---

13. ANOREG/BR. Cartório em números. 5. ed. 2023. Disponível em: Cartório em Números – ANOREG. Acesso em: 20 ago. 2024.

Analisando os dados acima, percebe-se a celeridade com relação ao tempo do reconhecimento de paternidade quando feito em cartório, mesmo porque, se o processo tramita no judiciário, é porque existe a falta de consenso. Já na via extrajudicial, o reconhecimento ocorre em um dia. Enquanto o custo de um processo judicial é de R$2.369,73 por processo para o reconhecimento da paternidade, em cartório o reconhecimento é gratuito, gerando uma economia de R$451 milhões.

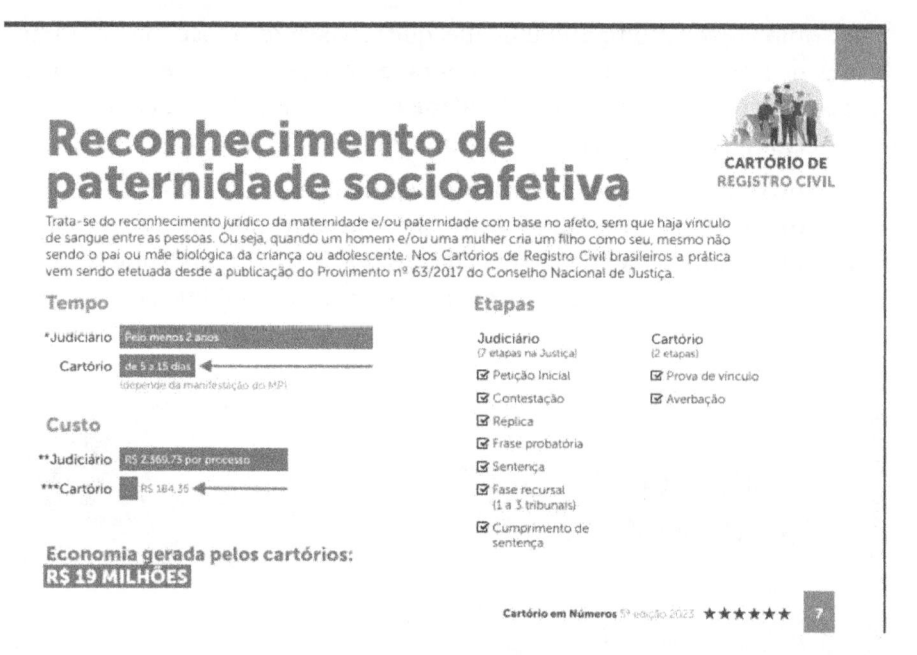

Nos dados acima, percebe-se que o reconhecimento da paternidade socioafetiva leva um pouco mais de tempo porque precisa comprovar, perante o cartório, a socioafetividade. Mas mesmo assim, é um tempo muito breve.

A extrajudicialização tanto no momento atual como na proposta de alteração do Código Civil é uma tendência, permitindo maior celeridade na resolução dos conflitos. Hoje, essa possibilidade abrange, também, causas relacionadas ao direito de família e sucessões.

Inclusive, pode-se mencionar a recente alteração do Provimento CNJ 35/2007, na data de 20 de agosto de 2024, que agora permite o inventário, a partilha, o divórcio, entre outros, consensuais, na via extrajudicial, mesmo tendo herdeiros incapazes ou testamento.

2.1 DADOS EXTRAÍDOS DO PORTAL DA TRANSPARÊNCIA SOBRE NASCIMENTOS, PAIS AUSENTES E RECONHECIMENTO DE FILHOS NO PERÍODO DE AGOSTO DE 2020 A AGOSTO DE 2021, NA CIDADE DE LONDRINA E NO ESTADO DE SÃO PAULO

Antes de se fazer a análise dos Provimentos do CNJ, optou-se por trazer alguns dados sobre o registro de nascimento. O jornal 'O Estado de São Paulo' de 13 de março de 2022 noticiou o crescimento da quantidade de registros de filhos sem o nome do pai na pandemia.[14] Os dados obtidos pela reportagem vieram do *site* portal da transparência de registro civil. Através desse site, pode-se obter vários dados, como os registros de nascimento, a quantidade de pais ausentes e o reconhecimento de filhos.

Com isso, tomando por base o período proposto no primeiro capítulo deste trabalho, esta pesquisa fez um levantamento de dados no portal mencionado a fim de aferir quantos nascimentos, pais ausentes e reconhecimento de filhos (extrajudicial) ocorreram no período de agosto de 2020 – agosto de 2021. Inicialmente, os dados coletados tiveram por base a cidade de Londrina, no Paraná. Seguem abaixo:[15]

Mês/ano	Registro de nascimento	Pais ausentes (porcentagem)	Reconhecimento de filhos
Agosto/2020	550	36 (6.5%)	0
Setembro/2020	601	17 (2.8%)	0
Outubro/2020	504	22 (4.3%)	0
Novembro/2020	493	20 (4.0%)	0
Dezembro/2020	543	18 (3.3%)	0
Janeiro/2021	583	28 (4.8%)	0
Fevereiro/2021	528	26 (4.7%)	0
Março/2021	665	28 (4.2%)	0
Abril/2021	590	29 (4.9%)	0
Maio/2021	567	30 (5.2%)	0
Junho/2021	572	32 (5.5%)	0
Julho/2021	574	24 (4.1%)	0
Agosto/2021	543	13 (2.3%)	0

---

14. JANSEN, Roberta. Cresce a quantidade de registro de filhos sem o nome do pai durante a pandemia. *Jornal O Estado de São Paulo*. São Paulo. 13.03.2022. Disponível em: https://brasil.estadao.com.br/noticias/geral,cresce-a-quantidade-de-registros-de-filhos-sem-o-nome-do-pai-durante-a-pandemia,70004006964. Acesso em: 14 mar. 2022.
15. Dados disponíveis em: https://transparencia.registrocivil.org.br/registros. Acesso em: 14 mar. 2022.

Sobre os dados levantados na cidade de Londrina/PR, da quantidade de nascimentos ocorridos mês a mês, uma média de 5% dos nascimentos no período selecionado, não teve o nome do pai no registro – 'pai ausente'. Desses registros sem o pai, em nenhum deles houve o reconhecimento espontâneo da paternidade.

Os dados estatísticos comprovam uma infeliz realidade vivenciada pelas famílias brasileiras, qual seja, a não constatação do nome do genitor no registro. E dos casos pesquisados, a triste realidade de nenhum reconhecimento.

Uma segunda pesquisa tomou por base o Estado de São Paulo (Estado em que se utilizou a base de dados do Tribunal de Justiça no primeiro capítulo). Constatou-se que ocorreram 584.697 nascimentos no período de agosto de 2020 – 2021. Desses, em 31.195 nascimentos, o pai não foi declarado no registro,[16] ou seja, em 5,3% dos nascimentos, os pais não constavam no registro.

Nova reportagem foi publicada no dia posterior (em 14.03.2022) no Jornal "O Estado de São Paulo", mencionando a queda em 30% nos atos de reconhecimento de paternidade com relação ao ano anterior à pandemia (2019) – "Cartórios apontam que 320 mil crianças foram registradas sem o nome do pai durante a pandemia".[17]

Por isso, é importante reiterar-se aqui a necessidade de se estimular – seja através da extrajudicialização, seja através de projetos ou outro meio – o reconhecimento da paternidade. No Brasil, de agosto de 2020 a 2021, ocorreram 2.876.190 nascimentos. Desses, nas situações de não constatação de paternidade (pai ausente), 26.143 foram reconhecidos posteriormente.[18]

É necessário, verdadeiramente, haver esse incentivo para o reconhecimento da paternidade, garantindo-se o direito fundamental de ter a filiação e a realidade de vida estampadas nos registros de nascimento.

Esse trabalho estuda as situações de multiparentalidade, mas não há como falar desta sem mencionar as situações em que os filhos não possuem, sequer, o nome de um dos pais no registro. Dito isso, passa-se, então, à abordagem da multiparentalidade na forma extrajudicial, com a análise dos Provimentos do CNJ sobre o tema.

---

16. Dados disponíveis em: https://transparencia.registrocivil.org.br/painel-registral/reconhecimento--paternidade. Acesso em: 14 mar. 2022.

17. MACEDO, Fausto. Cartórios apontam que quase 320 mil crianças foram registradas sem o nome do pai durante a pandemia. *Jornal o Estado de São Paulo*. São Paulo. 14.03.2022. Disponível em: https://politica.estadao.com.br/blogs/fausto-macedo/cartorios-apontam-que-320-mil-criancas-foram-re-gistradas-sem-o-nome-do-pai-durante-a-pandemia/. Acesso em: 14 mar. 2022.

18. Disponível em: https://transparencia.registrocivil.org.br/painel-registral/reconhecimento-paterni-dade. Acesso em: 14 mar. 2022.

2.2 DOS PROVIMENTOS CNJ 63 DE 2017 E 83 DE 2019 E O PROVIMENTO 149 DE 2023 – A POSSIBILIDADE DO RECONHECIMENTO DA MULTIPARENTALIDADE EM CARTÓRIO – PRINCIPAIS ASPECTOS

O primeiro provimento que uniformizou o reconhecimento espontâneo da filiação socioafetiva em cartório foi o Provimento CNJ 63 de 2017. Em 2019, ele foi alterado pelo Provimento CNJ 83, trazendo alguns requisitos que o anterior não possuía. Pretende-se analisar aqui seus principais aspectos. Na sequência, o CNJ editou o Provimento 149 de 2023 disciplinando atos registrais e esclarecendo como ficará o registro do reconhecimento da socioafetividade e pela via das técnicas de reprodução assistida.

No que se refere a idade mínima da pessoa a ter o reconhecimento da socioafetividade em cartório, o primeiro provimento não fazia nenhuma ressalva, o filho, de qualquer idade, poderia ter inserido em seu registro mais um genitor. Já o segundo, determinou que apenas pessoas acima de doze anos poderiam ter o reconhecimento voluntário da paternidade ou maternidade socioafetiva.[19]

Deste modo, hoje, uma criança com idade inferior a 12 anos, para ter a multiparentalidade reconhecida, precisa ingressar com ação judicial. Até doze anos, apenas pela via judicial, a partir desta idade, na via judicial ou extrajudicial.

Como o requisito essencial para a inclusão do genitor socioafetivo é a demonstração do vínculo socioafetivo, a comprovação feita com alguém que já tenha certa idade (no caso, 12 anos), é mais fácil de ser demonstrada. Com idade inferior a 12 anos, a ação para o reconhecimento será necessária.

Analisando os requisitos para inserção do genitor socioafetivo, em muito se assemelha aos requisitos da adoção. Todavia, enquanto na adoção haverá a destituição do poder familiar, na multiparentalidade não ocorrerá uma subtração de genitores, mas sim, a inserção de outro. Tem como requisitos: idade mínima de 18 anos para o pai ou mãe socioafetiva; impossibilidade de se reconhecer a filiação pelos irmãos entre si; diferença de idade de 16 anos entre pai/mãe e filho[20] (cabe a ressalva que já existem julgados flexibilizando essa diferença etária).

O atual Provimento inseriu o art. 10-A, trazendo aqui as principais mudanças com relação ao anterior. Para a inserção da paternidade ou maternidade socioafetiva, deve ser constatado, pelo registrador, o vínculo afetivo entre as partes e

---

19. CONSELHO NACIONAL DE JUSTIÇA. Provimento CNJ 83 de 2019. Disponível em: https://atos. cnj.jus.br/atos/detalhar/2975. Acesso em: 31 jan. 2022.
20. CONSELHO NACIONAL DE JUSTIÇA. Provimento CNJ 83 de 2019. Disponível em: https://atos. cnj.jus.br/atos/detalhar/2975. Acesso em: 31 jan. 2022.

sua exteriorização na sociedade. Explica o artigo como esse vínculo poderá ser objetivamente aferido.[21] Menciona a necessidade de ser apurado o vínculo socioafetivo de forma objetiva e por elementos concretos, tais como apontamentos escolares, pagamento de plano de saúde, previdência, clubes, testemunhas e outros meio de prova. Na falta desses documentos, pode o registrador apurar o vínculo de outra forma, os meios aqui especificados são meramente exemplificativos.[22]

O art. 11 do Provimento CNJ 63 permite que o local a ser processado o pedido para inclusão da filiação possa ser diverso de onde o assento original tenha sido lavrado,[23] permitindo, com isso, um maior acesso à justiça e uma real desburocratização do ato. Dispõe, também, sobre a proibição de constar menção à origem da filiação,[24] garantindo, com isso, a não hierarquização das espécies de filiação.

Para o reconhecimento da socioafetividade em cartório, exige-se o consentimento das partes. Em casos de o filho ser menor de idade, deve o pai e a mãe assinarem o termo, os pais originários devem consentir, de forma pessoal com o ato, para sua realização na via extrajudicial.[25] Cabe também, ao filho (tenha ele menos ou mais que 18 anos), consentir com o ato.[26] Um ponto que o Provimento não menciona é quanto ao consentimento dos pais do filho maior de idade, se deve ou não ser colhido o consentimento dos pais registrais. Interpretando-se literalmente o art. 11, parágrafo 3º, esse consentimento não é necessário. Pela questão da facilitação do ato na via extrajudicial e por serem os interessados maiores e capazes, essa ciência do pai não é necessária.

Caso algum destes não possa consentir, por impossibilidade de manifestação válida, o caso será apresentado ao juiz. O Provimento lembrou, também, situações que envolvem a tomada de decisão apoiada quando da participação de pessoa com deficiência.[27] O § 7º do art. 3º do Provimento CNJ 63 remete tais situações ao Código Civil, devendo o registrador seguir as normas do Código Civil para o reconhecimento. Não foi claro aqui com relação à possibilidade ou não de se realizar tal reconhecimento mediante o apoio à decisão, mas pela literalidade do texto, seria possível uma pessoa com deficiência reconhecer ou ser reconhecida desde que exista essa participação do apoiador.

---

21. Idem.
22. Idem.
23. CONSELHO NACIONAL DE JUSTIÇA. Provimento CNJ 63 de 2017. Disponível em: https://www.26notas.com.br/blog/?p=13976. Acesso em: 1º fev. 2022.
24. Idem.
25. Idem.
26. CONSELHO NACIONAL DE JUSTIÇA. Provimento CNJ 83 de 2019.
27. CONSELHO NACIONAL DE JUSTIÇA. Provimento CNJ 63 de 2017.

O atual Provimento determinou que o procedimento passe pelo crivo do Ministério Público, que deve emitir parecer. Se favorável, o registro poderá ser realizado, se não, deve o pedido ser arquivado, após comunicação aos requerentes.[28] Ressalta-se que o arquivamento não impede o processamento de ação judicial. O cuidado de se ter a participação do Ministério Público segue norma processual de procedimentos que envolvam crianças e adolescentes.

O art. 12 do Provimento CNJ 63 menciona situações que podem gerar a recusa pelo registrador, decorrentes de situações de vícios ou dúvida sobre o estado de posse do filho.[29] Nessas circunstâncias, o procedimento será arquivado e poderá a parte ingressar com pedido judicial.

A via extrajudicial só é admitida se não houver procedimento judicial discutindo o assunto.[30] Diante da ocorrência de ação judicial, as partes não podem requerer o reconhecimento da filiação em cartório, evitando-se, desse modo, possíveis decisões antagônicas.

Um dos pontos mais críticos dos Provimentos está no art. 14. Menciona que o reconhecimento da paternidade ou maternidade socioafetiva somente poderá ocorrer de forma unilateral[31] – para incluir apenas um pai ou apenas uma mãe, nunca ambos. Aqui fica evidente a possibilidade da ocorrência da multiparentalidade. Não obstante, o último provimento reitera essa questão da inclusão de apenas um genitor, seja do lado materno ou paterno, conforme mencionam os §§ 1º e 2º do art. 14, sendo que, para inclusão de mais de um ascendente socioafetivo, apenas mediante ação judicial.[32]

Todavia, quando do surgimento do Provimento, houve manifestação contrária na doutrina. Interpretando o art. 14, Regina Beatriz Tavares da Silvia, em entrevista ao Jornal "O Estado de São Paulo", afirmou que "O Conselho Nacional de Justiça (CNJ) já esclareceu que não é permitido o registro de dois pais e duas mães para o mesmo filho em procedimento administrativo".[33] Em suas palavras, assevera que "Mas ainda há quem continue a insistir no 'monstrengo' da multiparentalidade por mero ato registral." A interpretação feita pela jurista foi a de que, quando já houvesse um pai ou uma mãe, não poderia outro socioafetivo ser inserido no mesmo campo, impossibilitando a multiparentalidade.

28. CONSELHO NACIONAL DE JUSTIÇA. Provimento CNJ 83 de 2019.
29. CONSELHO NACIONAL DE JUSTIÇA. Provimento CNJ 63 de 2017.
30. Idem.
31. Idem.
32. CONSELHO NACIONAL DE JUSTIÇA. Provimento CNJ 83 de 2019.
33. SILVA, Regina Beatriz Tavares. O CNJ proibiu a multiparentalidade em Cartório de Registro Civil. *Jornal O Estado de São Paulo*. São Paulo. 18.04.2019. Disponível em: https://politica.estadao.com.br/blogs/fausto-macedo/o-cnj-proibiu-a-multiparentalidade-em-cartorio-de-registro-civil/. Acesso em: 02 fev. 2022.

Na verdade, a jurista fez uma interpretação equivocada do Provimento. Quando ele menciona que somente poderá haver a inclusão de um genitor socioafetivo seja do lado materno ou paterno, ele não está impedindo a multiparentalidade, mas proibindo a inclusão de duas pessoas ao registro. Permite-se, assim, a multiparentalidade unilateral e proíbe-se a bilateral.

A doutrina questiona a razão dessa limitação a apenas dois genitores: quais seriam os parâmetros para essa e outras limitações e se a multiparentalidade assegura o melhor interesse e proteção integral da criança e do adolescente.[34] A finalidade dessas limitações é evitar lesão ao melhor interesse da criança e do adolescente – limitações etárias, possibilidade extrajudicial a partir de 12 anos de idade: "é medida preventiva, para evitar possíveis adoções à brasileira ou burlas no cadastro da adoção".[35]

Ainda sobre a multiparentalidade unilateral, Schreiber critica a norma no sentido de que ela "tem o defeito de inserir limite quantitativo arbitrário, que não se justifica à luz da ordem jurídica brasileira".[36] Cita como exemplo pais homoafetivos que adotam uma criança, se separam e estabelecem novas relações socioafetivas, que criam vínculos com a criança. Esses pais não poderiam, à luz do art. 14 do Provimento, fazer o reconhecimento extrajudicial do filho.[37]

Outra situação muito comum é o caso de filho registrado apenas no nome de um genitor e ser criado por tios, por exemplo. Estes também não podem pedir, na via extrajudicial, a inclusão da mãe e do pai socioafetivos, já que o Provimento proíbe a inserção bilateral.

Por fim, o art. 15 do Provimento menciona que o reconhecimento da maternidade ou paternidade socioafetiva em cartório, de forma espontânea, não impede ação judicial para conhecimento da verdade biológica.[38] Isso muito se assemelha às situações que envolvem a adoção, no qual o art. 48 do ECA permite a investigação da origem genética a fim de saber quem são os pais biológicos, porém, sem criar vínculos de parentesco com eles. Deste modo, o Provimento, ao permitir, pelo art. 15, que o filho que teve a socioafetividade reconhecida em cartório, possa, caso seja seu desejo, ingressar com ação judicial para descobrir sua ancestralidade. Deve-se ressaltar, também, que, embora o Provimento mencione apenas a possibilidade de se conhecer a verdade biológica na via judicial, defende-se, aqui, também, que pode o filho ingressar com ação para investigar a paternidade e inseri-la em seu registro.

---

34. FRANCO, Karina Barbosa. *Multiparentalidade* cit., p. 111.
35. Idem, p. 112.
36. SCHREIBER, Anderson. *Manual de Direito Civil Contemporâneo* cit., p. 2136.
37. Idem, p. 2136.
38. CONSELHO NACIONAL DE JUSTIÇA. Provimento CNJ 83 de 2019.

Pelo exposto, pode-se afirmar que, após inúmeras discussões, a parentalidade socioafetiva e a multiparentalidade podem ser realizadas na via extrajudicial, mediante a observância da questão etária mínima, da comprovação do vínculo socioafetivo e desde que seja unilateral, que apenas acrescente-se um pai ou mãe e nunca dois, mediante, ainda, parecer favorável do Ministério Público.

Com o intuito de saber sobre a procura dos cartórios para a inserção de genitores socioafetivos, fez-se contato com os Cartórios de Registro Civil nas cidades de Londrina e Maringá, no Estado do Paraná, cada uma delas com dois ofícios. Foram solicitadas a quantidade de procedimentos no período de agosto de 2020 a agosto de 2021.

Em Londrina, apenas o 2º Ofício disse que a busca seria possível, mas ambos ofícios afirmaram que havia procura pelo ato. Conforme resposta dada por e-mail pelo 2º Ofício de Registro Civil e 7º Tabelionato de Notas da cidade de Londrina, no período solicitado, foram feitos 6 reconhecimentos de paternidade socioafetiva.[39]

Já na cidade de Maringá, em contato telefônico[40] junto ao Cartório do 1º Ofício, foi informado que, de agosto de 2020 a agosto de 2021, 13 pedidos para inclusão da socioafetividade foram protocolados junto ao Cartório. Em resposta dada por e-mail pelo 2º Ofício da Cidade de Maringá, no período solicitado, foram realizados 5 procedimentos para reconhecimento de socioafetividade.[41]

Percebe-se, desta feita, que os pontos positivos dos Provimentos ultrapassam os criticados. Isto porque, como se pode ver, ele realmente cumpre com o objetivo de desburocratizar o reconhecimento da filiação socioafetiva, diminuindo o número de demandas no Poder Judiciário em que não exista litígio entre as partes. Ademais, após o julgamento pelo STF que reconheceu a possibilidade jurídica da multiparentalidade, os Provimentos serviram, também, para trazer essa viabilidade na esfera extrajudicial, primando pelo melhor interesse do filho, já que vários são os requisitos que devem ser comprovados, passando, ainda, pela análise do Ministério Público que deve emitir parecer nos casos.

Por meio do Provimento 149/2023 do CNJ, pode ser feito o reconhecimento de filiação socioafetiva em cartório. É um documento que uniformiza o procedimento em todo território nacional. Em um primeiro momento, ele traz os dados

---

39. Informação dada por e-mail prestada pela funcionária do 2º Ofício da Cidade de Londrina, Lucyana Oliveira, no dia 15 fev. 2022.
40. Contato telefônio – 044.33047166 ao Cartório do 1º Ofício da Cidade de Maringá, atendente Cíntia, às 10h25 do dia 02 fev. 2022.
41. Informação dada por e-mail, prestada pelo auxiliar de cartório, do 2º Ofício da Cidade de Maringá, Rodrigo G. Cedran, no dia 10 fev. 2022.

da pessoa que irá reconhecer outrem como seu filho/a, ou seja, do pai ou da mãe socioafetiva. Na sequência, dados do filho a ser reconhecido. Após, menciona alguns dados que a pessoa que reconhecerá outro como seu filho declara saber, tais como: a verdade da filiação socioafetiva a ser reconhecida, a inexistência de demanda judicial, inexistência de parentesco biológico ascendente ou que sejam irmãos (para evitar reconhecimento de filiação por parte de avós e irmãos), diferença de idade de 16 anos, as consequências jurídicas do reconhecimento, ou seja, os direitos que o filho passará a ter, o caráter irrevogável do reconhecimento e a idade mínima de 12 anos para o reconhecimento na via extrajudicial. Como pode haver alteração do nome para incluir, por exemplo, o sobrenome do pai/mãe, deve-se mencionar qual o nome que o filho passará a usar.

O documento é assinado pelo pai/mãe que reconhece a socioafetividade e a anuência do filho (maior de 12 anos). Também é necessário trazer os dados e anuência dos demais genitores que já constam no registro, caso o filho tenha menos de 18 anos. Se o filho for maior de 18 anos, apenas ele deve anuir. Esse documento de termo de reconhecimento de filiação socioafetiva é trazido aqui como o documento denominado Anexo 2.

Para facilitar a existência do vínculo socioafetivo, o Cartório do Tatuapé disponibilizou um formulário de questões a serem respondidas pelo pai/mãe socioafetivo, como por exemplo, a existência de algum documento escolar que este assina como pai/mãe, se o filho a ser reconhecido está inserido em seu plano de saúde, ou se o filho consta como dependente em algum órgão (ex. previdência ou entidade associativa), residência comum, se existe casamento ou união estável com a genitora/o genitor, se existem fotos comprovando o vínculo. Tal documento consta aqui como Anexo 4. Além desses itens, os solicitantes devem apresentar uma carta contando a história deles e declaração de duas testemunhas que saibam da existência desse vínculo.

Para fins didáticos, inserimos no Anexo 3 o termo de reconhecimento de filiação biológica, nos termos do Provimento 149/2023 do CNJ.

Conclui-se, assim, que o reconhecimento da paternidade ou maternidade socioafetiva em cartório, foi realmente um avanço. Não há motivo para judicializar todas as questões se não existe litígio entre as partes, se os cartórios são dotados de fé pública, bem como os cuidados específicos são tomados para o ato. Os Provimentos permitem a efetiva desburocratização no campo do Direito de Família, trazendo celeridade à resolução dos problemas práticos das pessoas. Com a extrajudicialização da parentalidade socioafetiva alcançou-se a possibilidade da multiparentalidade ser reconhecida em cartório.

3
DOS ASPECTOS CONTROVERTIDOS DA MULTIPARENTALIDADE

Uma vez estabelecida a multiparentalidade, dela decorrem consequências jurídicas no âmbito patrimonial e extrapatrimonial. Tais aspectos já foram previamente abordados, mas retoma-se aqui, de forma breve, para que se possa apontar outros.

No âmbito extrapatrimonial, o registro será modificado para inserir o nome de família do genitor reconhecido, avós e filiação. Com isso, ampliam-se também, os impedimentos matrimoniais. Deve-se mencionar como ficará a questão da guarda e regime de convivência desse filho. Supondo que sejam três (ou até mesmo quatro) os genitores, se a guarda será exercida de forma compartilhada ou de forma unilateral (ou até mesmo bilateral, se a criança ficar com dois genitores) e, para aquele que não mora no mesmo lar, como será estabelecido o regime de convivência.

Sob o âmbito patrimonial, o primeiro que surge é o pagamento de pensão alimentícia. Pagar alimentos é um dever que decorre do ato de ser pai ou mãe. Por isso, não importa quantos genitores o filho tenha, todos eles devem contribuir com as necessidades deste, conforme suas possibilidades econômicas – é o que se estabelece no art. 1694, parágrafo único do Código Civil.

A multiparentalidade em si não é algo que vai diferenciar na solução das questões aqui levantadas – por exemplo, no caso da guarda e regime de convivência, o que norteará é o princípio do melhor interesse da criança e na questão dos alimentos, o binômio necessidade x possibilidade (ou o trinômio necessidade x possibilidade x razoabilidade). Essas questões já estão superadas e no caso em concreto, o juiz seguirá os parâmetros mencionados.

Agora, existem alguns pontos que ainda estão em aberto, sendo construídos de acordo com a chegada de determinadas situações ao judiciário, tanto no aspecto patrimonial como extrapatrimonial. É sobre esses pontos que o livro abordará agora.

3.1 MULTIPARENTALIDADE X ADOÇÃO

O primeiro ponto a ser tratado é sobre a adoção. Disciplinada pelo Estatuto da Criança e do Adolescente – ECA, pela adoção, o filho será destituído do poder familiar de sua família de origem, inserido em outra família, criando-se, pela força da lei, o vínculo de parentesco com a que o recebe (art. 1.593 do Código Civil). Com isso, rompe-se o vínculo com a família de origem (com exceção dos impedimentos matrimoniais) e cria-se um vínculo com a nova família. Resguarda o Estatuto a possibilidade de o filho ter conhecimento dos vínculos biológicos, sem, contudo, restabelecer o vínculo com a família natural. Rompe-se o vínculo com a família natural e cria-se um vínculo com a família que recebe este filho.

A adoção "está alicerçada no afeto, no amor, na solidariedade humana e tem como fim atender não só aos anseios de quem adota, mas também possibilitar que o adotado tenha convivência familiar que não havia ainda experimentado, ou que a tenha perdido (...)".[1]

Com isso, prevê o art. 41 do ECA que "a adoção atribui a condição de filho ao adotado, com os mesmos direitos e deveres, inclusive sucessórios, desligando-o de qualquer vínculo com pais e parentes, salvo os impedimentos matrimoniais".[2] Esse 'desligar' da família de origem é a destituição do poder familiar, possibilitando, com isso, a adoção por outra família, a socioafetiva.

O que se pretende mostrar é que a adoção traz essa ruptura. Surge a reflexão se a multiparentalidade teria alterado, de alguma forma, o disposto no art. 41 do ECA. Defende-se aqui essa alteração nas situações abaixo descritas.

A primeira situação em que a multiparentalidade pode fazer surgir essa alteração no ECA é em situações de grupo de irmãos. Uma criança que está para ser adotada, sem, contudo, ter tido o poder familiar destituído, e com grupo de irmãos, por vezes não terá a destituição do poder familiar de sua família de origem com o intuito de manter o contato entre os irmãos. Em vários julgados pesquisados, pode-se constatar que a mãe biológica é mantida e outros dois genitores são inseridos pela adoção. Isso é feito para que, de algum modo, o filho que foi adotado possa continuar a ter contato com seus irmãos biológicos. Diversos julgados foram encontrados nesse sentido. Então, nesse primeiro exemplo dado, entende-se que a multiparentalidade teria, sim, flexibilizado o entendimento do art. 41 do ECA.

Outra situação pode surgir: um filho que tenha sido adotado e posteriormente toma conhecimento da adoção. Nesse caso, pode surgir o desejo de investigar sua paternidade a fim de inserir o pai biológico em seu registro. Julgados foram encontrados dando procedência a esses pedidos de inclusão do pai biológico

---

1. GESSE, Eduardo. *Família multiparental*: reflexos na adoção e na sucessão legítima em linha reta ascendente. Curitiba: Juruá, 2019, p. 145.
2. BRASIL. Lei 8069, de 13 de julho de 1990, institui o Estatuto da Criança e do Adolescente. Disponível em: https://www.planalto.gov.br/ccivil_03/leis/L8069.htm. Acesso em: 08 mar. 2022.

em situações de filho que havia sido adotado. Assim, o art. 41 do ECA também sofreria uma reinterpretação por conta da multiparentalidade.

Se a multiparentalidade é possível em casos de alguém que possua dois genitores biológicos e traz um socioafetivo ao seu registro, também é possível em sentido contrário: alguém adotado, com duplo vínculo socioafetivo, trazer um genitor biológico – seja em casos de adoção ou até mesmo em situações de troca de bebês em maternidade. Ou alguém que tenha sido adotado pelo marido da mãe, que não tinha pai no registro e depois toma conhecimento do pai biológico. Nessa situação, não há como impedi-lo de trazer essa realidade ao seu registro, gerando a multiparentalidade.

Cabe lembrar que a adoção está regulamentada pela Lei 8.069 de 1990, que regulamentou o Estatuto da Criança e do Adolescente – ECA, quando não existia a possibilidade jurídica da multiparentalidade. Embora o ECA tenha sofrido alterações recentes, essas não contemplaram a multiparentalidade. O Estatuto foi elaborado em outra época, distante do momento atual em que a multiparentalidade é admitida. Por isso, afirma-se aqui a necessidade de uma releitura do disposto no art. 41 do ECA, de modo a incluir a possibilidade da multiparentalidade.

Pensando em uma releitura do dispositivo, sugere-se a seguinte redação: art. 41 do ECA: "a adoção atribui a condição de filho ao adotado, com os mesmos direitos e deveres, inclusive sucessórios, desligando-o de qualquer vínculo com pais e parentes *(salvo em situações de multiparentalidade) e* os impedimentos matrimoniais".

Todavia, destaca-se a existência de entendimento contrário, de que a multiparentalidade não teria alterado o art. 41 do ECA. Flávio Tartuce segue esse entendimento contrário e publicou um artigo no Migalhas com o seguinte título: "Da impossibilidade de reconhecimento da multiparentalidade em casos de adoção prévia". Defende o autor que, em situações de adoção, o Tema 622 julgado pelo STF não é aplicável. Para ele, a adoção é totalmente irrevogável e o contrário feriria a legislação e colocaria o instituto em descrédito.[3]

Alguns entendem que a multiparentalidade em casos de adoção poderia ser um desestímulo para quem adota. Em contrapartida, afirma Eduardo Gesse que a adoção não deve ocorrer para satisfazer a necessidade do adotante, mas sim, pensando no melhor interesse do adotado.[4] Por isso, afirma o autor que, em

---

3. TARTUCE, Flávio. Da impossibilidade de reconhecimento da multiparentalidade em casos de adoção prévia. *Portal Migalhas*. Publicado em: 25 jan. 2022. Disponível em: https://www.migalhas.com.br/coluna/familia-e-sucessoes/358629/impossibilidade-da-multiparentalidade-em-casos-de-adocao-previa. Acesso em: 08 mar. 2022.
4. GESSE, Eduardo. Op. cit., p. 170.

situações de descoberta da filiação biológica posteriormente à adoção, existe a possibilidade da multiparentalidade.[5] Consequentemente, aponta a necessidade de readequação do ECA quanto aos efeitos da adoção.[6]

Com isso, reitera-se aqui o posicionamento de que é possível sim a multi-parentalidade em casos de adoção, como nos exemplos apontados acima. Caso contrário, estar-se-ia retirando a possibilidade jurídica de estabelecimento de vínculos biológicos com o filho, em especial em situações de descoberta posterior da filiação biológica.

Sobre essa necessidade de adequação da lei de adoção (ou do ECA) com a multiparentalidade, afirma Gesse que "O sistema jurídico deve ser coerente, har-mônico e qualquer regra que desiguale os filhos estará rompendo com a unidade e o equilíbrio do aludido ordenamento".[7] Por isso, enfatiza-se a necessidade dessa nova leitura do dispositivo apontado frente à multiparentalidade.

3.2 MULTIPARENTALIDADE X DUPLA PATERNIDADE BIOLÓGICA OU SOCIOAFETIVA

As situações que decorrem da multiparentalidade advêm de uma filiação biológica com a socioafetiva, ao mesmo tempo. Foi essa a decisão do STF quando da fixação da tese: "A paternidade socioafetiva, declarada ou não em registro pú-blico, não impede o reconhecimento do vínculo de filiação concomitante baseado na origem biológica, com os efeitos jurídicos próprios".[8] O filho terá um genitor socioafetivo e biológico ao mesmo tempo, exercendo o papel de mãe ou de pai.

Mas, é possível haver situações em que a multiparentalidade decorre da dupla filiação biológica ou socioafetiva?

Situações que podem advir da dupla filiação socioafetiva pode, sim, acon-tecer: seria o caso de um filho que tenha sido adotado, cujos pais se separam e venham a se casar ou se unir novamente com outra pessoa. Nessa situação, o filho poderia ter inserido mais um genitor em seu registro, também socioafetivo. Do exemplo dado, seria, sim, possível a ocorrência de um tríplice vínculo socioafetivo e nenhum biológico.

Já no que se refere à possibilidade de se ter dois pais ou duas mães biológi-cas, isso seria possível? Ou indo para a ficção e analisando o caso do seriado da

---

5. Idem, p. 166.
6. Idem, p. 168.
7. GESSE, Eduardo. Op. cit., p. 171.
8. STF. RE 898060/SC. Disponível em: https://jurisprudencia.stf.jus.br/pages/search/sjur371896/false. Acesso em: 1º out. 2021.

Netflix "Pedaço de mim", em que a protagonista Liana tem filhos gêmeos de pais biológicos distintos.

Tomando por base uma decisão do Tribunal de Justiça do Estado de Goiás em que o filho tem uma mãe e dois pais, todos biológicos, ensejando a multiparentalidade (com todos os genitores biológicos) determinada em sentença de primeiro grau. Entendamos o caso.

A situação envolvia um filho que entrou com investigação de paternidade cumulada com alimentos contra o suposto pai. Este fez o exame de DNA, resultando positivo, porém, contestou a demanda e trouxe para o polo passivo da demanda, seu irmão gêmeo, acusando-o de ser o pai da criança. Este, por sua vez, fez o exame de DNA que também deu positivo. Ambos foram declarados pais (biológicos) dessa criança. O fato ocorreu porque os irmãos são gêmeos univitelinos, portadores do mesmo DNA, motivo pelo qual, em ambos os exames, o resultado foi positivo. Os réus pugnaram por um exame denominado "DNA Twin Test", um exame de DNA mais completo, feito fora do país e com um alto custo para sua realização. Neste caso, o juiz de primeiro grau indeferiu a realização do exame e julgou que ambos fossem declarados como pai do autor, devendo cada qual pagar alimentos ao filho.[9]

Os réus recorreram ao Tribunal de Justiça do Estado de Goiás, que determinou a realização do referido exame. Disse o Tribunal que o não conhecimento de quem efetivamente fosse seu pai biológico poderia trazer danos irreparáveis à criança.[10]

Quando da decisão de primeiro grau, em que o juiz reconheceu os dois como pais, caso não houvesse recurso ou sendo este improcedente ou, ainda, se o resultado do exame mais específico fosse inconclusivo, o filho teria em seu registro dois pais e uma mãe – resultando a multiparentalidade.

A multiparentalidade nesse exemplo decorreria de um duplo vínculo de paternidade biológico e não um pai biológico e outro pai socioafetivo. É uma decisão inusitada, rara de acontecer, porém, não impossível.

Por isso, seria sim possível a duplo vínculo de paternidade biológico – em situações que envolvam gêmeos univitelinos, portadores do mesmo DNA, e que ambos os pais tenham tido relacionamento amoroso com a mãe da criança quando não se fizer o exame específico para a aferição do DNA, ambos serão

---

9. TJGO. Sentença: duplapaternidade.pdf (tjgo.jus.br).https://www.tjgo.jus.br/index.php/institucional/centro-de-comunicacao-social/20-destaque/6716-dupla-paternidade-biologica-juiz-determina-que-gemeos-identicos-paguem-pensao-a-crianca. Acesso em: 09 mar. 2022.
10. TJGO. Tribunal de Justiça do Estado de Goiás – Cassada sentença que reconhecia dupla paternidade de irmãos gêmeos (tjgo.jus.br). Acesso em: 09 mar. 2022.

declarados pais. Ou a dupla paternidade socioafetiva, como no caso de uma criança adotada e que posteriormente passa a conviver com um novo genitor igualmente socioafetivo.

3.3 MULTIPARENTALIDADE X REPRODUÇÃO ASSISTIDA EM CLÍNICAS DE FERTILIZAÇÃO

Antes de falar propriamente do tema proposto, cabe tecer algumas considerações sobre as técnicas de reprodução assistida e o ordenamento civil.

No que se refere ao tema reprodução assistida, o Código Civil, art. 1.597, traz a presunção de que estes filhos são filhos do marido da mãe, prevendo ali algumas técnicas. Porém, o legislador não tratou de todas as possibilidades, existindo impropriedades e lacunas no que se refere ao tema.

O ato de ter filhos estava atrelado, inicialmente, ao ato sexual, procriação. Hoje, devido ao avanço da medicina, esta socorre casais que encontram alguma dificuldade para realizarem o projeto parental pela via natural, através das técnicas de reprodução assistida. O planejamento familiar é uma garantia constitucional, previsto no art. 226, § 7º, como de livre decisão do casal.

Diferentemente do ritmo com que a medicina e biotecnologia avançam, está o direito. Nesse descompasso, explica Eduardo Oliveira Leite que a inseminação artificial desencadeia reações às quais o homem não estava preparado, nem material nem espiritualmente falando,[11] sendo necessário que a legislação brasileira tenha "(...) um estudo mais decisivo sobre o tema".[12]

É nítido o descompasso entre a regulação prevista para filiação presente no Código Civil e a evolução da medicina genética e, sobre isso, aponta Ana Cláudia Scalquette que "com a possibilidade de inseminação e fertilização artificiais, a filiação passa por um momento delicado, pois, diante da ausência de regulamentação específica sobre a matéria, poderemos ter complicações".[13] Aponta a autora que essas complicações podem ser de ordem patrimonial, biológica e moral, mencionando, inclusive, o risco de casamento entre irmãos.[14]

O mesmo problema é mencionado por Álvaro Villaça Azevedo no que se refere à falta de regramento jurídico, já que a matéria é regida apenas por nor-

11. LEITE, Eduardo de Oliveira. Procriações artificiais: bioética e biodireito. In: PEREIRA, Rodrigo da Cunha (Coord.). *Repensando o direito de família*. Belo Horizonte: Del Rey, 1999, p. 146.
12. VIANA, Marco Aurélio S. Da inseminação artificial. *Revista da Faculdade de Direito da Universidade Federal de Minas Gerais*. Belo Horizonte. v. 27, n. 21. p. 238-260. 1979, p. 238.
13. SCALQUETTE, Ana Cláudia Silva. *Família e sucessões*. 8. ed. São Paulo: Almedina, 2020, p. 128.
14. Idem.

mativas do Conselho Federal de Medicina. Assim sendo, necessita ser regida por normas jurídicas para que se evitem abusos.[15]

É nesse cenário de falta de regramento suficiente que o indivíduo tem, por um lado, o desejo de realizar seu projeto de parentalidade, mas, por outro, encontra dificuldades jurídicas para tal ato. Podem ser mencionadas aqui algumas situações: autoinseminação, reprodução assistida *post mortem,* cessão de útero entre outros.

Sobre as espécies de técnicas de reprodução assistida, elas podem ser por inseminação artificial – técnica intracorpórea (a formação do embrião, união do espermatozoide com o óvulo, ocorre no interior do corpo da mulher), e por fertilização *in vitro* (FIV) – o embrião é criado em laboratório e depois implantado no corpo da mulher.[16]

Deve-se ainda diferenciar a reprodução assistida homóloga, prevista no art. 1597, III do Código Civil – nessa técnica, é utilizado material genético do próprio casal – da reprodução assistida heteróloga, prevista no art. 1.597, V do Código Civil, em que se utiliza material genético de um terceiro doador.

Percebe-se que a legislação pátria não tratou da cessão de útero e nem dos casos de utilização de material genético de uma doadora ou, ainda, da autorização expressa da mulher para situação de inseminação *post mortem.* Conforme já mencionado acima, existe um descompasso entre as técnicas e a legislação.

Deste modo, o que se pretende aqui trabalhar é se existe ou não a possibilidade de casos que envolvam a reprodução assistida realizada nas clínicas de fertilização com a multiparentalidade ou não.

A mais recente Resolução do Conselho Federal de Medicina que regulamenta as técnicas de Reprodução Assistida é a de n. 2320/2022, que veio substituir a de n. 2294/2021, n. 2283/2020 e a de n. 2168/2017.

A finalidade das Resoluções do Conselho Federal de Medicina é a de ajudar nos procedimentos de procriação e guiar as condutas médicas em um parâmetro ético. São as balizas que os médicos e clínicas devem observar. Conforme menciona seu art. 1º, tais normas éticas possuem conteúdos deontológicos a serem seguidos pelos médicos.[17] Embora tenham esse viés, diante das lacunas legislativas, são nelas que os operadores do Direito acabam por buscar socorro.

15. AZEVEDO, Álvaro Villaça. Ética, direito e reprodução humana assistida. *Revista da Faculdade de Direito* – Fundação Armando Álvares Penteado – FAAP, ano 2, n. 2. São Paulo: FAAP, 2006, p. 23.
16. BARBOZA, Heloisa Helena. Reprodução assistida: questões em aberto. In: CASSETTARI, Christiano. (Coord.). VIANA, Rui Geraldo Camargo de (Orient.). *10 anos de vigência do Código Civil de 2002*: estudos em homenagem ao professor Carlos Alberto Dabus Maluf. São Paulo: Saraiva, 2013, p. 93.
17. CONSELHO FEDERAL DE MEDICINA. Resolução 2.320/2022. Normas éticas para a utilização das técnicas de reprodução assistida. Disponível em: sistemas.cfm.org.br. Acesso em: 24 jul. 2024.

Um ponto importante da resolução, seguindo o entendimento das anteriores, está disposto no inciso IV, que trata da doação de gametas ou embriões que acrescentou a parte final no artigo 2º, garantindo-se o anonimato dos doadores e receptores, exceto "na doação de gametas para parentesco de até 4º (quarto) grau, de um dos receptores (primeiro grau – pais/filhos; segundo grau – avós/irmãos; terceiro grau – tios/sobrinhos; quarto grau – primos), desde que não incorra em consanguinidade".[18] Essa nova redação possibilitou uma exceção ao anonimato, no caso de doação de gametas entre parentes até quarto grau, desde que não ocorra consanguinidade.

Se um casal procura uma clínica de reprodução assistida e necessita de material genético de terceiros, está-se diante de uma inseminação artificial heteróloga. Nessa modalidade, como há autorização por parte do casal em se submeter ao procedimento, não pode, nenhum deles, posteriormente, contestar a maternidade ou paternidade. Deste modo, em uma situação em que se utiliza do óvulo da mãe (parturiente) mas precisa de doação de material genético masculino, o filho, biologicamente, será da mãe e de um terceiro.

Todavia, quando o casal se submete a este procedimento, gera a presunção da paternidade ao marido da mulher e este não pode, depois, contestá-la. Deste modo, o filho ficará registrado no nome do casal – seja ele homo ou heteroafetivo.

Pode acontecer de ter a situação do filho que eventualmente deseja investigar sua paternidade biológica, com o Código Civil estabelecendo a presunção da paternidade no art. 1597 e a Resolução do Conselho Federal de Medicina garantindo o anonimato dos doadores e receptores.

Haveria aqui um impasse: de um lado, o filho que pretende investigar sua paternidade biológica e do outro o doador do material genético que tem o seu sigilo resguardado, estando sua identidade protegida pelo anonimato.

Nessa situação de um doador de material genético em uma clínica de reprodução assistida, ele não faz parte de um projeto de parentalidade, ele apenas faz a doação com uma finalidade altruística.

Neste cenário, entende-se pelo resguardo do seu sigilo e não revelação de sua identidade. Consequentemente, a multiparentalidade não estaria formada. Os pais registrais seriam apenas os que desejaram o filho.

O disposto na Resolução faz uma ressalva de que a doação do material genético possa ser feita por parentes de até quarto grau, desde que não ocorra a consanguinidade. Aqui, o filho estaria registrado no nome de duas pessoas – pai e mãe, duas mães ou dois pais, por exemplo. No registro não constará nada que

---

18. CONSELHO FEDERAL DE MEDICINA. Resolução 2.294 de 27.05.2021.

ele é fruto de uma técnica de reprodução assistida. Caso ele ingresse com uma ação contra a doadora do óvulo que foi uma prima, ou de algum outro parente que tenha doado espermatozoides, esta questão do anonimato restaria abalada por um exame de DNA.

Vejam que em resoluções anteriores, em que não se admitia a possibilidade de doação de material genético de um parente, essa situação não ocorria. O material seria doado por um terceiro, anônimo, que não teria sua identidade revelada.

Mas com essa exceção de que um familiar pode doar material genético, não há como garantir o sigilo. E nesse caso, o filho pode ingressar com uma demanda para incluir uma mãe ou um pai biológico. O direito de ação é um direito fundamental. Por consequência, não teria como impedir tal demanda. Se o juiz entender por dar continuidade à demanda, neste exemplo aqui citado, a técnica de reprodução assistida feita em uma clínica de fertilização poderá, sim, revelar um parentesco biológico. Desse modo, será desencadeada a multiparentalidade, gerando todos os efeitos dela decorrentes.

Outrossim, cabe aqui destacar uma recente decisão (21.05.2022) em que a Justiça Federal da 3ª Região permitiu a flexibilização da regra do anonimato do doador prevista na normativa do CFM. Isto porque, um casal homoafetivo feminino queria um doador conhecido de material genético. A clínica de fertilização explicou que só seria possível, caso um parente fizesse a doação (como prevê a Resolução). Diante da negativa de doação pelos parentes, as mulheres ingressaram com ação judicial para que pudessem ter como doador, um amigo. Na decisão, concedida em tutela provisória, o julgador destacou que ninguém é obrigado a fazer ou deixar de fazer algo em virtude de lei (e a Resolução do CFM não é lei). Entendeu ainda pela inconstitucionalidade de se proibir doador conhecido (em especial porque, se o doador for parente, essa proibição não existe), determinando o início do procedimento de coleta de gametas.[19]

As Resoluções vêm, ao longo do tempo, sendo cada vez mais bem elaboradas, e são realmente um vetor ético a ser seguido, servindo ainda, como uma forma de embasamento para os operadores do Direito. Todavia, como no caso apontado acima, a Resolução não pode impor uma negativa de paternidade ou maternidade. Por isso, o ordenamento ainda permanece com questões em aberto na temática, necessitando do amadurecimento do ser humano na utilização das técnicas como de um avanço legislativo dos temas aqui apontados.

---

19. JUSTIÇA FEDERAL DA 3ª. REGIÃO. 2ª Vara Federal de São Paulo. Disponível em: https://ibdfam. org.br/noticias/9703/Justi%C3%A7a+afasta+obrigatoriedade+do+doador+an%C3%B4nimo+e+autoriza+fertiliza%C3%A7%C3%A3o+in+vitro+com+flexibiliza%C3%A7%C3%A3o+de+resolu%-C3%A7%C3%A3o+do+CFM. Acesso em: 1º jun. 2022.

3.4 MULTIPARENTALIDADE X INSEMINAÇÕES CASEIRAS

Algo que tem chamado atenção na atualidade é a autoinseminação ou inseminação caseira, utilizada como técnica de reprodução. Muitas pessoas têm o desejo de ter filhos, de realizar um projeto parental, mas não querem viver um relacionamento amoroso e, por vezes, não querem ou não têm condições financeiras de se submeter às técnicas de reprodução assistida, realizadas em uma clínica de reprodução. Essas pessoas se encontram por meio de sites de *internet* e, sem relação amorosa, decidem ter filhos.[20] Os filhos são gerados sem o ato sexual.

Sabe-se que, quando os casais que querem ter filhos possuem alguma dificuldade, contam com o auxílio de uma clínica de reprodução assistida para a realização do procedimento. Através das clínicas, quando se precisa de material genético de um doador, este é protegido pelo anonimato. As partes não têm acesso a sua identificação.

Já na técnica caseira de inseminação, esse sigilo ou anonimato não existe. Por vezes, a técnica da autoinseminação é utilizada por pessoas que possuem condições financeiras para a realização do procedimento da técnica assistida em uma clínica, mas querem ter conhecimento de quem será o doador do material genético do seu filho. Em muitas situações, esse doador inclusive faz parte do projeto de parentalidade, mas a reprodução não ocorre pela via do ato sexual entre os envolvidos.

Na hipótese de autoinseminação ou inseminação caseira, a pessoa ou o casal que decide ter um filho utiliza-se do sêmen do homem, que é acondicionado em um frasco, entregue à mulher, que o introduz em seu corpo com uso de uma seringa.

A autoinseminação não é proibida no Brasil, mas não é recomendada pelo Conselho Federal de Medicina porque "há diversos riscos, entre eles a possibilidade de transmissão de DSTs".[21]

No entanto, mesmo não sendo recomendada, ela é utilizada por muitas pessoas, que não seguem as recomendações médicas para o procedimento. As partes estariam seguindo sua autodeterminação em prol de um livre planejamento familiar, previsto constitucionalmente.

Ocorre que, como não há a previsão legal da utilização da técnica, o registro desse filho, que não tem o documento da clínica de reprodução assistida fica

20. LEMOS, Vinicius. Coparentalidade: brasileiros buscam parceiros para ter filhos sem relação amorosa. 9 de agosto de 2018. Disponível em: BBC News Brasil. https://www.bbc.com/portuguese/brasil-45065810. Acesso em: 09 jul. 2021.
21. LEMOS, Vinicius. Op. cit.

prejudicado, necessitando de judicialização. Outra situação que pode ocorrer é quando este filho busca a paternidade em face desse doador. Como ele não é protegido pelo anonimado, ele pode eventualmente ser conhecido pelo filho que ingressará com a demanda. Com isso, poderá sofrer todos os efeitos da paternidade reconhecida e, consequentemente, a multiparentalidade pode ser um desses efeitos.

Dispõe o art. 8º do Provimento 63/2017 do Conselho Nacional de Justiça que "O oficial de registro civil das pessoas naturais não poderá exigir a identificação do doador de material genético como condição para a lavratura do registro de nascimento de criança gerada mediante técnica de reprodução assistida".[22]

Na sequência, ao tratar do registro de crianças fruto de reprodução assistida, o art. 16 do Provimento 63/2017, menciona que o registro será feito "independentemente de prévia autorização judicial e observada a legislação em vigor no que for pertinente, mediante o comparecimento de ambos os pais, munidos de documentação exigida por este provimento".[23]

Para o registro de filhos em que alguém ou um casal tenha se submetido à uma clínica de reprodução assistida, desnecessário haver uma ação judicial para registrar o filho. Basta apresentar a documentação exigida e o registro será lavrado. Protege-se, desta forma, o doador do material genético, que tem sua identificação mantida em sigilo, preservando-se o anonimato.

Mais à frente, no art. 17, o referido provimento menciona a necessidade de apresentação de alguns documentos, entre eles: "II – declaração, com firma reconhecida, do diretor técnico da clínica, centro ou serviço de reprodução humana em que foi realizada a reprodução assistida, indicando que a criança foi gerada por reprodução assistida heteróloga, assim como o nome dos beneficiários".[24]

Em resumo, para que se consiga registrar um filho gerado pela técnica de reprodução assistida, sem ação judicial para tal ato, essa técnica deve advir de uma clínica de reprodução humana, caso contrário, nas hipóteses de autoinseminação, a demanda judicial será necessária.

Com relação ao registro dos filhos nascidos pela autoinseminação, percebe-se um tratamento diferenciado ou mesmo uma ausência de regramento, fazendo com que os genitores necessitem, em algumas situações, entrar com uma demanda judicial a fim de que consigam registrar seus filhos.

---

22. Disponível em: stj.jus.br. Provimento CNJ 63/2017. Acesso em: 09 jul. 2021.
23. Idem.
24. Disponível em: stj.jus.br. Provimento CNJ 63/2017. Acesso em: 9 jul. 2021.

Neste sentido, esclarecem Carlos e Cíntia Konder que, por vezes, premidos de grupo de interesses ou pela urgência, acabam "criando distinções injustificadas e restrições incompatíveis com a tutela da dignidade da pessoa humana".[25] Dar um tratamento jurídico diferenciado ao registro de filhos, nos casos aqui especificados, fere a autonomia reprodutiva e o livre planejamento familiar.

Deve-se levar em conta que, no Brasil, a inseminação caseira já é uma realidade, e facilita, sob muitos aspectos, a possibilidade de realizar o desejo de se ter filhos. Isso ocorre tanto pelo aspecto financeiro, em que se elimina um custo alto que muitas pessoas não conseguem arcar, quanto pela possibilidade de se ter acesso a quem será o pai ou o doador do material genético do filho a ser gerado.

Na hipótese de um casal heteroafetivo, em que ambos decidem ter um filho utilizando-se da autoinseminação, não haverá dificuldades para o registro, já que estar-se-á diante de uma biparentalidade 'tradicional' – pai e mãe. Assim, a declaração de nascido vivo terá o nome de ambos os genitores e estes poderão realizar o registro. Todos os efeitos advindos da filiação serão aqui aplicados, sejam eles patrimoniais ou extrapatrimoniais.

Já quando uma mulher decide ter um filho sozinha, fazendo uso de material genético de um doador que não faça parte do projeto de parentalidade, ocorrerá aqui uma monoparentalidade. A criança será registrada apenas no nome da mãe, que não terá maiores dificuldades para registrá-la.

A dificuldade para o registro surgirá na seguinte situação: a técnica tem sido muito utilizada, também, por casais homoafetivos femininos, que usam de material genético de uma terceira pessoa. Quando o doador do material genético fizer parte do projeto de parentalidade, pode surgir a multiparentalidade – a criança será registrada no nome de três pessoas, duas mães e um pai. Porém, quando o doador não fizer parte desse projeto, a criança será registrada em nome das duas mães. Essas duas situações terão dificuldade de registrar o filho e incluir a mãe não parturiente, já que, por não ter sido utilizada uma clínica de reprodução assistida, não há previsão legal autorizando o registro (art. 8º do Provimento 63/2017 CNJ).

Por conta da ausência do tratamento jurídico a ser dado ao registro de filhos nascidos da autoinseminação, a questão tem sido judicializada. O trabalho mostrará, a seguir, alguns casos envolvendo a temática, que geraram ou não a multiparentalidade.

---

25. TEPEDINO, Gustavo; TEIXEIRA, Ana Carolina B.; ALMEIDA, Vitor (Coord.). *O direito civil entre o sujeito e a pessoa*: estudos em homenagem ao professor Stefano Rodotà. Belo Horizonte: Fórum, 2016, p. 225.

O primeiro caso a ser aqui mencionado, foi noticiado na página do Tribunal de Justiça do Paraná em 4 de setembro de 2020. A situação envolvia um casal homoafetivo feminino que desejava ter filho, porém, sem se utilizar de uma clínica. As mulheres resolveram pedir o material genético masculino para um terceiro (cunhado da mãe que gerou a criança). Quando a criança nasceu, a Declaração de Nascido Vivo foi preenchida com o nome da mãe (parturiente) e onde consta o nome do pai, colocou-se o nome da mãe não parturiente. O cartório, por sua vez, recusou-se a realizar o registro.

Após, as mulheres se separaram, o cunhado, doador do material genético, registrou a criança espontaneamente em seu nome, e a mãe que ainda não constava no registro ingressou com uma demanda para ser incluída na certidão de nascimento da filha. Em primeiro grau, ela obteve êxito com relação ao registro, gerando uma multiparentalidade (duas mães e um pai), mas o Tribunal reformou a decisão e decidiu pela sua não inclusão, já que, após a separação do casal, a requerente mudou-se de cidade, o que dificultou o contato com a criança. Deste modo, o Tribunal entendeu que não havia sido formado um vínculo afetivo entre elas, determinando a exclusão do nome da mãe não parturiente do registro. Aqui, o registro ficou apenas no nome da mãe parturiente e do pai (cunhado da mãe, que não fazia parte do projeto de parentalidade).[26]

O projeto de parentalidade de uma das genitoras foi violado justamente pelo fato de que a questão precisou ser judicializada. Caso a criança tivesse saído do hospital com a certidão de nascimento em nome das duas mães, isso não teria acontecido.

Fez-se uma análise de julgados e notícias envolvendo o registro desses filhos e em todos os casos (com exceção de uma decisão do TJ/SP)[27] foram no sentido de reconhecer a filiação em nome do casal que almejava a criança. Pode-se perceber, dos casos estudados, que a judicialização teve início em 2016 e, de lá para cá, os pedidos têm aumentado.

Em outubro de 2024 chegou o primeiro caso ao STJ de uma inseminação caseira feita por um casal homoafetivo feminino em que se buscava a inclusão

26. TJPR. Disponível em: Tjpr.jus.br/noticias. Mulher busca a Justiça para ser reconhecida como mãe de uma criança. Acesso em: 09 jul. 2021.

27. TJSP. Apelação Cível 1001267-16.2020.8.26.0575; Relator (a): Maria de Lourdes Lopez Gil; Órgão Julgador: 7ª Câmara de Direito Privado; Foro de São José do Rio Pardo – 2ª Vara; Data do Julgamento: 27.06.2021; Data de Registro: 27.06.2021: Ação de Retificação de Registro Civil. Pedido das autoras, conviventes, para que se insira nome de uma delas como mãe da criança, esta concebida por inseminação caseira. Improcedência da ação que se mantem face o disposto no Provimento 63/2017 do CNJ, o qual exige declaração com firma reconhecida do diretor técnico da clínica, centro ou serviço de reprodução humana assistida Sentença mantida. Recurso não provido. Acesso em: 09 jul. 2021.

de uma das mães (não parturiente) no registro da filha – Resp 2137415/SP.[28] No caso em tela a Ministra Nancy Andrighi entendeu pela possibilidade de inserção da mãe socioafetiva no registro, prestigiando o livre planejamento familiar e o melhor interesse da criança (que já está com 2 anos de idade).

Reitera-se, aqui, os efeitos jurídicos da doação de material genético. Como já mencionado, se o procedimento for realizado em clínica de reprodução assistida, o doador está protegido pelo sigilo da sua identificação. As partes que se utilizam do material não podem saber quem foi o doador. Apenas a clínica possui esses dados. Já nas hipóteses em que uma mulher ou um casal homoafetivo feminino tenha se utilizado de material de um terceiro, que não faça parte do projeto de parentalidade, ele não estará protegido pelo sigilo da sua identificação. Aliás, ele é justamente procurado porque as partes se aproximam de algum modo, seja na via virtual, seja no cotidiano de suas vidas.

---

28. STJ. Resp 2137415/SP – recurso Especial. Ação de alvará. Registro de dupla maternidade. Negativa de prestação jurisdicional. Ausência. Inseminação artificial heteróloga. União estável homoafetiva. Presunção de maternidade. Art. 1.597, V, do CC/2002. possibilidade. princípio do livre planejamento familiar. princípio do melhor interesse da criança e do adolescente. 1. Ação de alvará, ajuizada em 07.06.2022, da qual foi extraído o presente recurso especial, interposto em 14.11.2023 e concluso ao gabinete em 26.04.2024. 2. O propósito recursal consiste em definir se é possível presumir a maternidade de mãe não biológica de criança gerada por inseminação artificial "caseira" no curso de união estável homoafetiva, a teor do art. 1.597, V, do Código Civil. 3. Não há negativa de prestação jurisdicional quando o tribunal de origem examina, de forma fundamentada, a questão submetida à apreciação judicial e na medida necessária para o deslinde da controvérsia, ainda que em sentido contrário à pretensão da parte. Precedentes. 4. Para que se verifique a presunção de filiação prevista no art. 1.597, V, do CC/2002, é necessário que estejam presentes os seguintes requisitos: (I) a concepção da criança na constância do casamento; (II) a utilização da técnica Documento eletrônico VDA43998151 assinado eletronicamente nos termos do Art. 1º, § 2º, inciso III da Lei 11.419/2006 Signatário(a): Fátima Nancy Andrighi Assinado em: 16.10.2024 15:26:22 Código de Controle do Documento: d794dd28-9804-4d9c-8502-9f8d0b06bccc (e-STJ Fl.727) de inseminação artificial heteróloga; e (III) a prévia autorização do marido. 5. Verificada a concepção de filho no curso de convivência pública, contínua e duradoura, com intenção de constituição de família, viável a aplicação análoga do disposto no art. 1.597, do Código Civil, às uniões estáveis hétero e homoafetivas, em atenção à equiparação promovida pelo julgamento conjunto da ADI 4.277 e ADPF 132 pelo Supremo Tribunal Federal. 6. Conquanto o acompanhamento médico e de clínicas especializadas seja de extrema relevância para o planejamento da concepção por meio de técnicas de reprodução assistida, não há, no ordenamento jurídico brasileiro, vedação explícita ao registro de filiação realizada por meio de inseminação artificial "caseira", também denominada "autoinseminação". Ao contrário, a interpretação do art. 1.597, V, do CC/2002, à luz dos princípios que norteiam o livre planejamento familiar e o melhor interesse da criança, indica que a inseminação artificial "caseira" é protegida pelo ordenamento jurídico brasileiro. 7. No recurso sob julgamento, preenchidos, simultaneamente, todos os requisitos do art. 1.597, V, do Código Civil, presume-se a maternidade de J por S F DE M. 8. Recurso especial conhecido e provido para autorizar o registro da maternidade de S F DE M e seus ascendentes no assento de nascimento de J, dispensando-se a necessidade de apresentação do documento exigido pelo art. 513, II, do Provimento 149/2023 do CNJ, com seus jurídicos e legais efeitos. Julgado pela Terceira Turma do STJ, publicado em 17.10.2024.

Nestes casos de inseminação caseira, o filho pode eventualmente buscar a inclusão da paternidade ou ancestralidade, o pai, uma vez reconhecido, estaria obrigado a pagar alimentos, dar seu nome ao filho, transmitir-lhe herança e até ser obrigado ao pagamento de indenização em situações de abandono afetivo. Percebe-se que, nessas situações, o doador não tem segurança jurídica de que estará isento das consequências de seu ato. Ele terá consequências patrimoniais (alimentos, herança ou eventual reparação após o estabelecimento da filiação) e extrapatrimoniais (nome, parentesco, guarda, visita, impedimentos matrimoniais). E com isso, caso o filho já tenha a biparentalidade e busque inserir o doador do material genético na qualidade de pai ou mãe, decorrerá, a multiparentalidade.

Enfim, pode-se concluir sobre a autoinseminação – ou inseminação caseira – que ela é usada por muitos casais que não podem ou não querem pagar para utilizar técnicas de reprodução assistida. A ausência de regramento não poderá ser um impeditivo para que o filho tenha sua realidade de filiação estampada em seu registro. Este trabalho não pretende aqui adentrar no tema do doador anônimo dessa inseminação, mas cabe fazer uma breve ressalva que, caso ele seja alguém conhecido pelas partes e o filho tome conhecimento de sua existência, isso não impedirá que o filho busque incluir a paternidade em seu registro, podendo gerar a multiparentalidade. São questões polêmicas que precisam ser debatidas.

3.5 MULTIPARENTALIDADE X SUCESSÃO NA LINHA ASCENDENTE MULTIPARENTAL E DA CONCORRÊNCIA DO CÔNJUGE/ COMPANHEIRO COM ASCENDENTES

Na parte sucessória, também existem questões em aberto. O que se pretende abordar aqui é a sucessão entre os ascendentes em casos de multiparentalidade e da concorrência do cônjuge/companheiro (sem adentrar na discussão se o companheiro é ou não herdeiro necessário) com os ascendentes do *de cujos,* disciplinado pelo art. 1837 do Código Civil.

O Código Civil menciona que a divisão da herança entre os ascendentes é feita por linhas – paterna e materna, 50% para cada (art. 1836, § 2º, do Código Civil), lembrando que não há direito de representação na linha ascendente (art. 1852, parte final).

Em casos de multiparentalidade com três genitores, essa regra não pode ser aplicada porque resultaria em uma desigualdade na partilha. Defende-se aqui que a melhor solução seria que a divisão da herança seja feita em tantas linhas quanto houver os genitores: art. 1836, § 2º. "Havendo igualdade em grau e diversidade em linha, a herança será dividida igualmente entre todos os genitores" ou "em tantas linhas quanto houver os genitores". Hipoteticamente, se alguém falecer, solteiro, sem descendentes e com dois pais e uma mãe, a divisão da herança deverá ser feita em três partes iguais, cabendo 1/3 para cada genitor.

Na esteira desse raciocínio, afirmam Conrado e Marco Antônio: "(...) o falecimento de um indivíduo que possua uma ancestralidade multiparental impõe ao julgador a sensibilidade de guarnecer o direito, de forma igualitária, a todos os seus sucessores".[29]

Outra situação que pode ocorrer é a concorrência do cônjuge ou companheiro sobrevivente com os ascendentes (aqui será tratado dos ascendentes em primeiro grau – pais). Imaginando a situação de falecimento de um dos cônjuges, sem descendentes, deixando esposa e pais vivos. O Código Civil prevê que nessa situação a herança será dividida em três partes: 1/3 para a esposa, 1/3 para o pai e 1/3 para a mãe. Em caso de se ter apenas um ascendente, este receberá metade e a esposa a outra metade. Assim dispõe o art. 1837 do Código Civil: "Concorrendo com ascendente em primeiro grau, ao cônjuge tocará um terço da herança; caber-lhe-á a metade desta se houver um só ascendente, ou se maior for aquele grau".[30]

Todavia, se neste mesmo exemplo, o falecido tiver 3 genitores em decorrência da multiparentalidade, com esposa viva, a legislação não traz uma resposta. Se a herança for dividida por linhas – paterna e materna, e existindo dois pais e uma mãe, por exemplo, não há como seguir essa regra de divisão, pois o resultado não seria igualitário – o que aqui se defende.

Sobre a literalidade do art. 1837 do Código, em situações de multiparentalidade, afirmam Conrado e Marco Antonio que "essa interpretação não representa um critério de justiça com os ascendentes".[31]

A sugestão que se faz aqui é que a divisão da herança seja feita por cabeça – ¼ para a esposa, ¼ para um pai, ¼ para o outro pai e ¼ para a mãe.

Neste mesmo sentido de divisão por cabeça é o enunciado da Escola Paulista da Magistratura, que traz a seguinte sugestão: "21. A coexistência de filiações socioafetiva e biológica no Registro Civil das Pessoas Naturais enseja a partilha da herança, em caso de falecimento do filho, entre todos os genitores, por cabeça".[32]

Esse é o ponto de vista aqui defendido, de que a divisão deva ser feita de forma igualitária e por cabeça. Há quem entenda que a divisão deva seguir o disposto

---

29. ROSA, Conrado Paulino da. RODRIGUES, Marco Antonio. *Inventário e Partilha*. 4. ed. Salvador: JusPodivm, 2022, p. 147.
30. BRASIL. Lei 10.406 de 10 de janeiro de 2002. Código civil. Disponível em: https://www.planalto.gov.br/ccivil_03/LEIS/2002/L10406compilada.htm. Acesso em: 16 mar. 2022.
31. ROSA, Conrado Paulino da; RODRIGUES, Marco Antonio. Op. cit., p. 205.
32. TJSP. Enunciado 21 da Escola Paulista da Magistratura. Disponível em: Escola Paulista da Magistratura (tjsp.jus.br). Acesso em: 16 mar. 2022.

no Código Civil, ficando 1/3 para o cônjuge sobrevivente e o restante (2/3) deve ser dividido para os três ascendentes.

Entende-se que este ponto de vista não é o mais justo segundo o critério estabelecido pelo Código Civil, que mantém uma divisão igualitária entre os ascendentes de primeiro grau e o cônjuge sobrevivente.

Conforme afirma Eduardo Gesse, sobre o Código Civil vigente, que foi elaborado em uma época que nem nos "sonhos dos mais futuristas poder-se-ia cogitar de multiparentalidade e na quebra do modelo de parentalidade dualista, construída nas bases de relacionamento héteros e matrimonializados. Daí porque o legislador não poderia prever a concorrência de três ou mais pais na sucessão legítima".[33]

Muito embora o Código Civil afirme que na classe dos ascendentes deve-se dividir a herança pela linha paterna e a materna, em situações de multiparentalidade, "a prevalência da linha paterna ou materna não se mostra razoável".[34]

Em consonância com a divisão proposta acima, Tepedino, Nevares e Meirelles entendem que a regra contida no § 2º do art. 1.836 do Código Civil traz "o princípio da igualdade como critério de partilha, ainda que tenha a premissa da existência de duas linhas, paterna e materna".[35] Seguindo esse critério igualitário, mencionam que a multiparentalidade é incompatível com a partilha definida em parcelas iguais pelas linhas, devendo a divisão ser feita por 'linha ascendente ou tronco ascendente'.[36]

O Enunciado 642 das Jornadas de Direito Civil propõe que a divisão seja feita em tantas linhas quantos sejam os genitores.[37]

Ou seja, uns mencionam a divisão por cabeça, outros por várias linhas e alguns por vários troncos ascendentes. Porém, todos com algo em comum: a igualdade na divisão. Por isso, a sugestão legislativa a ser feita aqui é de inserção de um parágrafo primeiro no art. 1837 do Código Civil: "Concorrendo com ascendentes multiparentais em primeiro grau a divisão da herança será feita por cabeça, em partes iguais".

---

33. GESSE, Eduardo. Op. cit., p. 211.
34. TEPEDINO, Gustavo; NEVARES, Ana Luiza Maia; MEIRELES, Rose Melo Vencelau. *Fundamentos do Direito Civil*. Rio de Janeiro: Forense, 2020, v. 7 – Direito das Sucessões, p. 83.
35. Idem.
36. Idem, p. 84.
37. CONSELHO DA JUSTIÇA FEDERAL. Disponível em: https://www.cjf.jus.br/enunciados/enunciado/1181. Acesso em: 26 abr. 2022.

3.6 MULTIPARENTALIDADE X NEGATÓRIA DE PATERNIDADE (ART. 1.604, CC)

Outro impasse que surge é o ato do pai ter registrado o filho e depois descobrir que não é seu pai biológico e tentar desconstituir o registro de nascimento. O registro espontâneo feito por alguém acreditando ser o pai da criança e que depois descobre que não o é, só será possível ser desconstituído seguindo o disposto no art. 1.604 do Código Civil: "Ninguém pode vindicar estado contrário ao que resulta do registro de nascimento, salvo provando-se erro ou falsidade do registro".[38]

Nesta situação, a pessoa enganada, levada a registrar o filho como seu, poderia tentar desfazer o registro alegando inexistência de vínculo biológico ou falta de afetividade.

Todavia, para conseguir êxito na demanda, o dispositivo é claro no sentido de apenas admitir a desconstituição da paternidade em situações em que se prove, por parte de quem postula, erro ou falsidade do registro. Significa que é necessário provar algum tipo de vício para que se possa alterar a certidão de nascimento.

Em uma pesquisa feita no *site* do Tribunal de Justiça de São Paulo (acesso em 16.03.2022), referente ao período de 1º.01.2022 a 16.03.2022, foram encontrados seis julgados. Neles todos a paternidade foi mantida.

No mesmo sentido de se manter a paternidade é o entendimento do STJ – se não houver vício de consentimento, a relação de filiação não pode ser desconstituída. Entende a Corte que para a anulação do registro são necessários os requisitos: "(i) prova robusta no sentido de que o pai foi de fato induzido a erro, ou ainda, que tenha sido coagido a tanto e (ii) inexistência de relação socioafetiva entre pai e filho." Não basta a divergência entre a paternidade biológica e a declarada no registro de nascimento para anulação do registro.[39]

Todavia, em recente julgado, o Tribunal de Justiça de São Paulo entendeu que um jovem que descobriu não ser pai da criança e a registrou como filha, deve ser indenizado. Segundo a notícia veiculada pelo Tribunal, a ex-namorada omitiu relação com uma terceira pessoa e, diante desse fato, foi julgado procedente o pedido de indenização por danos morais e materiais, condenando-se a ex-namorada e sua mãe ao pagamento de R$ 4.480 por danos materiais e R$ 20

---

38. BRASIL. Lei 10.406 de 10 de janeiro de 2002. Código Civil. Disponível em: https://www.planalto.gov. br/ccivil_03/LEIS/2002/L10406compilada.htm. Acesso em: 16 mar. 2022.

39. STJ. REsp 1829093/PR, Rel. Ministra Nancy Andrighi, Terceira Turma, julgado em 1/06/2021, DJe 10.06.2021. Disponível em: https://processo.stj.jus.br/SCON/jurisprudencia/toc.jsp?livre=%28RESP. clas.+e+%40num%3D%221829093%22%29+ou+%28RESP+adj+%221829093%22%29.suce. Acesso em: 16 mar. 2022.

mil por danos morais. Porém, a notícia não informa se a paternidade foi ou não desconstituída ou se era apenas uma ação indenizatória.[40]

Em resumo, nessas situações de desconhecimento (ou não) em que se registra um filho como seu e, posteriormente, tenta-se desconstituir o registro, apenas haverá êxito caso seja comprovado algum vício de consentimento. Caso contrário, preservando o ato jurídico perfeito e melhor interesse do filho, a paternidade será mantida.

Quando mantida uma paternidade registral não biológica e depois é inserido o pai biológico ou até mesmo outro pai, socioafetivo, a multiparentalidade será uma consequência.

---

40. Disponível em: https://www.tjsp.jus.br/Noticias/Noticia?codigoNoticia=81781. Acesso em: 16 mar. 2022.

4
A PROPOSTA DE ALTERAÇÃO DO CÓDIGO CIVIL E A MULTIPARENTALIDADE

Para o reconhecimento jurídico da multiparentalidade, foi necessário reconhecer que o afeto forma vínculos jurídicos através da filiação socioafetiva. A proposta de alteração do Código Civil traz a inserção, de modo expresso, da socioafetividade e, por consequência, a multiparentalidade.

Alguns pontos aqui analisados já foram objeto de análise em texto de nossa autoria com a Profa. Rita de C. R. Espolador, publicado no *site* Migalhas das Civilistas, no que se refere a socioafetividade.[1]

Embora a codificação atual não traga de forma expressa a socioafetividade, ela permeia as relações familiares e, como consequência, aparece como fator, por vezes determinante, nas relações de parentesco.

O que se percebe é que, embora não prevista de forma expressa no Código Civil atual, a socioafetividade é reconhecida na via jurisprudencial e portanto, traz consequências jurídicas.

A proposta de alteração do Código Civil traz de modo expresso as consequências da socioafetividade, seja em um capítulo em específico, seja de modo esparso, o que se revela extremamente interessante e se coaduna com as tendências que já vinham sendo observadas, à luz das supracitadas decisões.

Aqui pretende-se observar apenas a inserção expressa do termo multiparentalidade na proposta de alteração do Código Civil. O termo aparece de modo expresso em seis momentos, que serão abaixo especificados.

O primeiro momento é: "Art. 1.617-B. A socioafetividade não exclui nem limita a autoridade dos genitores naturais, sendo todos responsáveis pelo sustento, zelo e cuidado dos filhos em caso de multiparentalidade." Com base no

---

1. Texto extraído de: PAIANO, Daniela B.; ESPOLADOR, Rita de C. R. A inserção da socioafetividade na proposta de alteração do Código Civil. Disponível em: https://www.migalhas.com.br/coluna/migalhas-das-civilistas/411647/insercao-da-socioafetividade-na-proposta-de-alteracao-do-codigo-civil. Acesso em: 24 jul. 2024.

dispositivo, observa-se que todos os genitores possuem a autoridade parental com relação ao filho e seus desdobramentos.

Na sequência, "Art. 1.617-C. O reconhecimento de filiação socioafetiva de crianças, de adolescentes, bem como de incapazes, será feito por via judicial.

§ 1º Para pessoas capazes e maiores de dezoito anos, havendo a concordância dos pais naturais, dos pais socioafetivos e do filho, o reconhecimento poderá ser feito extrajudicialmente, cabendo ao oficial do Registro Civil reconhecer a existência do vínculo de filiação e levá-lo a registro.

§ 2º Em caso de discordância de um ou de ambos os genitores naturais, o reconhecimento da multiparentalidade poderá ser buscada judicialmente."

Cabe aqui observar que a proposta traz uma limitação da possibilidade jurídica do reconhecimento da multiparentalidade extrajudicial. Enquanto o Provimento do CNJ permite que seja feito o reconhecimento a partir dos 12 anos, a proposta aumentou para 18 anos o reconhecimento extrajudicial. Talvez aqui, por excesso de zelo, a proposta tenha vedado o reconhecimento pela via extrajudicial de menores de 18 anos.

Entendemos que, se tal limitação passar, por consequência, aumentará o número de demandas para o reconhecimento de múltiplos vínculos parentais. Tal fato vai na contramão da proposta da extrajudicialização.

Outro dispositivo é o "Art. 1.619. A adoção de pessoas capazes e maiores de dezoito anos poderá ser feita extrajudicialmente, por escritura pública ou perante o oficial de Registro Civil de Pessoas Naturais da residência do adotando.

§ 3º A adoção prevista neste artigo não exclui, necessariamente, a multiparentalidade."

Conforme já havíamos mencionado, se faz necessário uma releitura do art. 41 do ECA e a proposta de alteração do Código percebeu tal fato, permitindo a multiparentalidade em situações de adoção.

A proposta também mencionou a multiparentalidade quando trata dos alimentos: "Art. 1.694. Podem os parentes em linha reta, os cônjuges ou conviventes e os irmãos pedir uns aos outros os alimentos de que necessitem para viver de modo compatível com a sua condição social, inclusive para atender às necessidades de sua educação.

§ 2º A obrigação de prestar alimentos independe da natureza do parentesco e da existência de multiparentalidade."

"Art. 1.696. O direito à prestação de alimentos é recíproco entre pais e filhos, e extensivo a todos os ascendentes e descendentes, recaindo a obrigação nos mais próximos em grau, uns em falta de outros. Parágrafo único. A regra prevista no caput aplica-se aos casos de parentalidade socioafetiva e de multiparentalidade."

Utilizou-se de dois dispositivos para trazer um desdobramento patrimonial da relação de parentesco: quem tem múltiplos genitores pode pedir alimentos ou ser demandados por todos os genitores em situação de necessidade.

Na parte da sucessão, a proposta foi silente em tratar do instituto da multiparentalidade. Mas, de modo geral, a proposta vem dar voz ao que de fato já existe e está consolidado na jurisprudência.

É importante que a lei traga de modo expresso o reconhecimento da multiparentalidade e seus desdobramentos jurídicos, para que fique claro, mais uma vez, a sua existência e suas consequências, garantindo direitos às pessoas que vivenciam essa realidade em suas vidas!

CONCLUSÃO

Como se pode ver, as relações familiares foram se alterando, famílias foram se remodelando e a consequência disso na filiação foi que se admitiu vínculos parentais múltiplos, permitindo que um filho tenha em seu registro genitores biológicos e socioafetivos ao mesmo tempo, denominando-se 'multiparentalidade'.

A temática chegou aos Tribunais, STJ e finalmente ao STF no ano de 2016, ocasião em que o tema foi admitido com Repercussão Geral. Até a fixação da tese pelo Supremo, na maioria das vezes, os julgadores decidiam pela manutenção da filiação biológica ou da socioafetiva. Ao julgar o tema, o Supremo entendeu pela possibilidade de coexistência no registro da filiação socioafetiva e biológica, com os efeitos jurídicos decorrentes, na esfera patrimonial e extrapatrimonial. A partir deste julgamento, a filiação deixa de ser algo a ser 'escolhida' – por vezes biológica ou outras socioafetiva, permitindo o reconhecimento concomitante, sem a hierarquização de outrora.

No caso em concreto, mesmo não sendo o pedido das partes, o Supremo entendeu pelo reconhecimento da multiparentalidade porque melhor se amoldava à situação fática e, por conta do reflexo dessa decisão em tantos outros casos. A inserção do pai biológico (comprovada pelo DNA) não poderia ser uma faculdade, um ato de escolha, mas um dever, como consequência da paternidade responsável e do dever de cuidado para com os filhos. Com o julgamento, a filiação avançou, pela via jurisprudencial, permitindo o reconhecimento da multiparentalidade, permitindo a concomitância das formas de parentalidade. Vencidas as teses que pretendiam a prevalência do vínculo biológico e a que pugnava pela prevalência do vínculo socioafetivo (reconhecendo apenas o direito de conhecer a ancestralidade).

Ao analisar os julgados envolvendo a temática que chegaram ao STJ, pode-se verificar que, a tendência desse Tribunal foi seguir o julgamento do STF no que se refere ao reconhecimento da multiparentalidade.

O trabalho utilizou a base de dados do Tribunal de Justiça de São Paulo, no período de agosto de 2020 a agosto de 2021, com o intuito de aferir quantas e quais demandas levaram ao reconhecimento ou não da multiparentalidade, conforme se demonstrou.

A maioria das demandas continua sendo dos filhos buscando seus pais para inseri-los em seus registros e poucos são os casos de que os pais querem ser reconhecidos como tal. Infelizmente esse é o cenário das ações que envolvem a paternidade no Brasil.

Algo importante revelado na pesquisa dos julgados são os que envolvem filho adotado e que depois pretende a inserção do pai biológico. Nesses casos, o Tribunal foi favorável à inclusão do pai biológico, refletindo no dispositivo do ECA de que a adoção rompe com os laços biológicos. Nem sempre. E este trabalho mostrou a exceção.

Em conclusão a pesquisa desses dados, observou-se que, em apenas 11% das demandas que envolvem 'paternidade' ou 'parentesco' geraram a multiparentalidade, mostrando que a multiparentalidade é uma exceção nessas ações. A tendência do Tribunal de Justiça de São Paulo é no sentido de acolher os pedidos de multiparentalidade, apenas sendo contrário em situações que existem vedações legais (ex. de avós pleiteando reconhecimento de paternidade ou em situações em que se discutia a destituição ou não de poder familiar).

Em um segundo momento, o trabalho destaca a multiparentalidade extra-judicial. Na tentativa de diminuir determinadas demandas judiciais, surgiu a possibilidade de se resolver algumas situações em cartório, de forma extrajudicial. O trabalho mostrou as formas de reconhecimento de paternidade – judicial e extrajudicial, bem como a igualdade que deve haver para esse reconhecimento. Com isso, após alguns tribunais estaduais editarem provimentos permitindo o reconhecimento socioafetivo da paternidade, o CNJ editou o Provimento 63 de 2017, possibilitando o reconhecimento da filiação socioafetiva em cartório. Em seguida, no ano de 2019, o Provimento CNJ n. 83 foi editado atualizando o anterior e trazendo algumas exigências que não constavam no primeiro. Por consequência, com o reconhecimento da filiação socioafetiva em cartório, a multiparentalidade passou a ser admitida na via extrajudicial. Nesse contexto da extrajudicialidade, mostrou dados extraídos do portal da transparência de registro civil, no período de um ano (agosto de 2020 – 2021), do número de registros de nascimentos, pais ausentes e reconhecimentos de filhos nesse período, na cidade de Londrina e no Estado de São Paulo. Pode-se constatar que, em média, na cidade de Londrina, 5% dos filhos nascidos, não possuem o nome do pai no registro e, nesse período, não houve nenhum reconhecimento espontâneo extrajudicial de filho. No Estado de São Paulo, a média também foi de 5% de casos de filhos que não têm o pai no registro. Por isso, a necessidade de se estimular o reconhecimento espontâneo da paternidade.

Apontou os principais pontos dos referidos provimentos, seus aspectos positivos e por que alguns requisitos são criticáveis e quais os requisitos para o reconhecimento da multiparentalidade extrajudicial. Trouxe dados desses pedidos de reconhecimento extrajudicial na cidade de Londrina e em Maringá, mostrando quantas solicitações desse reconhecimento foram feitas em cartório. Com conclusão ao aspecto extrajudicial, verificou-se que o reconhecimento da paternidade ou maternidade socioafetiva, podendo acarretar a multiparentalidade é um avanço na medida que efetivamente desburocratiza o ato e que cuidados para aferição do vínculo socioafetivo são tomados bem como outros requisitos observados.

No terceiro capítulo, o trabalho analisou alguns aspectos controvertidos da multiparentalidade, com solução ainda em aberto, o que permite um avanço na temática. Da multiparentalidade decorrem consequências patrimoniais e extra-patrimoniais aqui já ditas. Todavia, alguns temas têm vindo à tona, permitindo reflexões e avanços.

No que se refere ao tema multiparentalidade e adoção, o art. 41 do ECA prevê que a criança ou adolescente que será adotado, seja destituído do poder familiar. Ou seja, rompe-se com o vínculo biológico (salvo os impedimentos matrimoniais) para fazer surgir o parentesco civil. Ocorre uma ruptura. Já em situações de multiparentalidade, ocorre uma inserção de algum genitor. Desse modo, verificou-se que, em situações em que existem grupos de irmãos, a jurisprudência tende a não romper o vínculo biológico (em especial com a mãe), inserindo os pais adotivos. Com isso, o filho terá a multiparentalidade pela existência de três genitores em seu registro.

Outra situação é a de que uma criança seja adotada e posteriormente descobre a existência de um genitor biológico e queira inseri-lo em seu registro. Pela análise de julgados, foi determinada a inclusão do pai biológico ao lado dos pais adotivos, gerando a multiparentalidade.

Com isso, pode-se afirmar que, a depender do caso, a multiparentalidade flexibiliza o disposto no art. 41 do ECA no sentido de não romper (ou estabelecer) o vínculo com o genitor biológico, mas sim, mantê-lo ou incluí-lo.

O trabalho também analisou a eventual possibilidade jurídica de ocorrência de dupla paternidade biológica ou socioafetiva, levando à multiparentalidade. Em resposta afirmativa, citou-se como exemplo a situação de um filho adotivo que depois venha conviver com um novo genitor socioafetivo de um novo relacionamento de sua mãe, por exemplo. Neste caso, o filho terá dois genitores (adotivos) socioafetivos e um outro também socioafetivo. Os três terão vínculos socioafetivos com o filho e nenhum biológico.

Com relação a um duplo vínculo biológico (do lado paterno), citou-se o caso de Goiás, que gêmeos univitelinos (portadores do mesmo DNA) tiveram relacionamento com a mãe da criança. Com o exame de DNA positivo para ambos os pais, criou-se uma filiação biológica de uma mãe e dois pais. Posteriormente, os pais recorreram para que fosse realizado um exame de DNA mais específico (DNA Twin Test). Ou seja, existe sim a possibilidade, rara, mas não impossível, de se ter três genitores biológicos.

No que se refere à multiparentalidade e à reprodução assistida em clínicas de fertilização, a atual Resolução do CFM determina o sigilo do doador do material genético, salvo a possibilidade de doação por parentes até 4º grau. Nestes casos em que o sigilo é preservado, não há que se falar em multiparentalidade. Todavia, em eventual doação de material genético por parentes, pode, eventualmente, ter uma ação para que se inclua o doador como pai ou mãe da criança, já que o sigilo, no âmbito familiar, por vezes não será mantido. Outrossim, cabe destacar que, em recente decisão da Justiça Federal da 3ª. Região (21.05.2022), duas mulheres ingressaram com pedido para conseguirem a doação de material genético de um amigo, com pedido deferido em tutela provisória. Neste caso, caso este amigo faça parte do projeto de parentalidade, a criança terá duas mães e um pai, fruto da técnica de reprodução assistida com procedimento realizado em clínica de fertilização. Ou seja, a multiparentalidade será, sim, possível.

Já quando o assunto envolve a multiparentalidade e as técnicas 'caseiras' de inseminação (autoinseminação), não existe a garantia de anonimato do doador do material genético. Por isso, em muitas situações, poderão surgir casos de multiparentalidade. Embora essa técnica não seja recomendada, ela é utilizada pelas partes, não podendo ser um impeditivo para o registro (que necessitará, por vezes, de judicialização).

Uma discussão em aberto diz respeito à sucessão na linha ascendente em casos de multiparentalidade. O Código Civil, em seu art. 1.836, § 2º, menciona que a divisão seja feita em linhas – paterna e materna. Ocorre que, em casos de multiparentalidade, haverá um ou dois genitores a mais, e, se a divisão for feita por linhas, não haverá igualdade na divisão entre os genitores. Por isso, propõe--se que a herança seja dividida igualmente entre todos os genitores ou em tantas linhas quanto houver os genitores.

Ainda, no que se refere à questão sucessória de cônjuge ou companheiro concorrendo com ascendentes em primeiro grau, o Código Civil no art. 1.837 diz que caberá a cada um destes 1/3 da herança ou metade se o cônjuge/companheiro concorrer com apenas um genitor. Todavia, no tocante à multiparentalidade, existe essa lacuna e entende-se que uma melhor leitura seria a divisão feita de forma igualitária entre todos os genitores e o cônjuge/companheiro, por cabeça.

Finalmente, o trabalho abordou a questão da multiparentalidade com a ne-gatória da paternidade prevista no art. 1.604 do Código Civil. Alguém que registra filho acreditando ser o pai biológico só pode depois desconstituir a paternidade se provar erro ou falsidade do registro (como prevê o dispositivo). Isso significa que a paternidade não será desconstituída se o interessado não conseguir provar algum tipo de vício. Nos seis julgados encontrados em busca no *site* do Tribunal de Justiça de São Paulo, em todos a paternidade foi mantida, sendo este também o posicionamento do STJ com relação ao tema. Se o vício não for provado, preserva-se o ato jurídico e o melhor interesse do filho, mantendo-se a paternidade. Com essa manutenção, se após outro genitor ser inserido no registro, acarretará a multiparentalidade.

Em um quarto capítulo, o trabalho analisou a proposta de alteração do Código Civil, que menciona, em seis momentos, o termo multiparentalidade.

Com isso, objetivou-se aqui mostrar o cenário da multiparentalidade após o julgamento do tema pelo STF, em que seu reconhecimento jurídico foi estabelecido e quais os efeitos desse reconhecimento em decisões de outros Tribunais. Verificou-se que a multiparentalidade, mesmo sendo possível ser estabelecida na via judicial ou extrajudicial, ainda é uma exceção, em especial quando se toma por base o número de ações de investigação de paternidade.

Embora o seu reconhecimento pelo STF tenha ocorrido em 2016, foi aqui mostrado que ainda existem espaços em aberto, permitindo-se um avanço da temática, dando-se um especial olhar aos filhos que vivenciam a multiparentalidade em suas vidas. O Direito deve avançar no sentido de ser mais receptivo às novas realidades familiares. É o que aqui se propôs.

SUGESTÕES DE ALTERAÇÕES LEGISLATIVAS

Considerando que a multiparentalidade vem aperfeiçoar a compreensão do parentesco e filiação, permitindo que o parentesco seja natural e civil, propõe-se a inclusão de um parágrafo primeiro no art. 1593 do Código Civil de forma a constar:

Art. 1.593, CC: "§ 1º O parentesco poderá ser natural e civil quando resultar de multiparentalidade."

Com relação à multiparentalidade e adoção, pensando em uma releitura do art. 41 do ECA, propõe-se a seguinte redação:

Art. 41, ECA. "A adoção atribui a condição de filho ao adotado, com os mesmos direitos e deveres, inclusive sucessórios, desligando-o de qualquer vínculo com pais e parentes *(salvo em situações de multiparentalidade) e* os impedimentos matrimoniais".

Deve-se pensar, também, em uma alteração, seja legislativa ou no Provimento CNJ n. 63 de 2017, a fim de que se possibilite o registro do filho sem necessidade de ação judicial, para que conste:

Art. 17 do Provimento CNJ n. 63: "II – declaração, com firma reconhecida, do diretor técnico da clínica, centro ou serviço de reprodução humana em que foi realizada a reprodução assistida, *ou declaração das partes de que foi utilizada inseminação caseira,* indicando que a criança foi gerada por reprodução assistida heteróloga, assim como o nome dos beneficiários.

Sobre a sucessão na linha ascendente multiparental (três ou quatro genitores), falecendo alguém sem deixar descendentes e a concorrência se der entre os ascendentes, faz-se a seguinte sugestão:

Art. 1.836, § 2º "Havendo igualdade em grau e diversidade em linha, a herança será dividida igualmente entre todos os genitores" ou "em tantas linhas quanto houver os genitores".

Quando houver concorrência entre cônjuge ou companheiro sobrevivente com ascendentes multiparentais, sugere-se a inserção de um parágrafo no art. 1837:

Art. 1.837, § 1º "Concorrendo com ascendentes multiparentais em primeiro grau a divisão da herança será feita por cabeça, em partes iguais." A sugestão que se faz aqui é que a divisão da herança seja feita por cabeça – ¼ para a esposa, ¼ para um pai, ¼ para o outro pai e ¼ para a mãe.

REFERÊNCIAS

ALMEIDA, José Luiz Gavião de. O direito de família e a Constituição de 1988. In: MORAES, Alexandre. *Os 20 anos da Constituição da República Federativa do Brasil*. São Paulo: Atlas, 2009.

AZEVEDO, Álvaro Villaça. Ética, direito e reprodução humana assistida. *Revista da Faculdade de Direito* – Fundação Armando Álvares Penteado – FAAP, ano 2, n. 2. São Paulo: FAAP, 2006.

BARBOZA, Heloisa Helena. Reprodução assistida: questões em aberto. In: CASSETTARI, Christiano (Coord.). VIANA, Rui Geraldo Camargo de. (Orient.) *10 anos de vigência do Código Civil de 2002*: estudos em homenagem ao professor Carlos Alberto Dabus Maluf. São Paulo: Saraiva, 2013.

CALDERÓN, Ricardo. TOAZZA, Gabriele Bortolan. Filiação socioafetiva: repercussões a partir do Provimento 63 do CNJ. *Portal Migalhas*. Publicado em: 29 abr. 2019. Disponível em: https://www.migalhas.com.br/arquivos/2019/4/art20190426-07.pdf. Acesso em: 28 jan. 2022.

CAMACHO, Michele. *Multiparentalidade e efeitos sucessórios*. São Paulo: Almedina, 2020.

CORREIA, Emanuelle A. *Os elementos caracterizadores da multiparentalidade*. Belo Horizonte: Dialética, 2020.

FRANCO, Karina Barbosa. EHRHARDT JÚNIOR, Marcos. Reconhecimento extrajudicial da filiação socioafetiva e multiparentalidade: comentários ao provimento n. 63, de 14.11.17, do CNJ. *Revista Brasileira de Direito Civil* – RBDCivil. Belo Horizonte: v. 17, p. 227, jul./set. 2018.

FRANCO, Karina Barbosa. *Multiparentalidade*: uma análise dos limites e efeitos jurídicos práticos sob o enfoque do princípio da afetividade. Belo Horizonte: Fórum, 2021.

GESSE, Eduardo. *Família multiparental*: reflexos na adoção e na sucessão legítima em linha reta ascendente. Curitiba: Juruá, 2019.

GODOY, Claudio Luiz Bueno de. Atualidades sobre a parentalidade socioafetiva e a multiparentalidade. In: SALOMÃO, Luis Felipe. TARTUCE, Flávio (Coord.). *Direito Civil*: diálogos entre a doutrina e a jurisprudência. São Paulo: Atlas, 2018.

HOLANDA, Maria Rita de. *Multiparentalidade e seus limites*. Disponível em: http://www.publicadireito.com.br/artigos/?cod=38838371c3a50f05, p. 10. Acesso em: 13 jan. 2022.

JANSEN, Roberta. Cresce a quantidade de registro de filhos sem o nome do pai durante a pandemia. *Jornal O Estado de São Paulo*. São Paulo. 13.03.2022. Disponível em: https://brasil.estadao.com.br/noticias/geral,cresce-a-quantidade-de-registros-de-filhos-sem-o-nome-do-pai-durante-a-pandemia,70004006964. Acesso em: 14 mar. 2022.

LEITE, Eduardo de Oliveira. Procriações artificiais: bioética e biodireito. In: PEREIRA, Rodrigo da Cunha (Coord.). *Repensando o direito de família*. Belo Horizonte: Del Rey, 1999.

LEMOS, Vinicius. Coparentalidade: brasileiros buscam parceiros para ter filhos sem relação amorosa. 9 de agosto de 2018. Disponível em: BBC News Brasil. https://www.bbc.com/portuguese/brasil-45065810. Acesso em: 09 jul. 21.

LOBO, Fabíola Albuquerque. *Multiparentalidade*: efeitos no direito de família. Indaiatuba: Foco, 2021.

LÔBO, Paulo. *Direito Civil*. 11. ed. São Paulo: Saraiva, 2021. E-book.

LOUZADA, Flávio Gonçalves. *O reconhecimento da multiparentalidade pelo STF*: o interesse patrimonial em detrimento do afeto? Curitiba: CRV, 2019.

MACEDO, Fausto. Cartórios apontam que quase 320 mil crianças foram registradas sem o nome do pai durante a pandemia. *Jornal o Estado de São Paulo*. São Paulo. 14.03.2022. Disponível em: https://politica.estadao.com.br/blogs/fausto-macedo/cartorios-apontam-que-320-mil-criancas-foram-registradas-sem-o-nome-do-pai-durante-a-pandemia/. Acesso em: 14 mar. 2022.

MALUF, Carlos Alberto Dabus; MALUF, Adriana C. D. R. F. D. *Curso de Direito de Família*. 3. ed. São Paulo: Saraiva, 2018. E-book.

MONACO, Gustavo Ferraz de Campos. *Direitos da criança e adoção internacional*: declínio de um instituto em razão do avanço das técnicas de gestação por substituição. 2. ed. São Paulo: Thomson Reuters Brasil, 2021.

ROSA, Conrado Paulino da. RODRIGUES, Marco Antonio. *Inventário e Partilha*. 4. ed. Salvador: JusPodivm, 2022.

SCALQUETTE, Ana Cláudia Silva. *Família e sucessões*. 8. ed. São Paulo: Almedina, 2020.

SCHREIBER, Anderson. *Manual de Direito Civil Contemporâneo*. 4. ed. São Paulo: Saraiva, 2021. E-book.

SCHREIBER, Anderson; LUSTOSA, Paulo Franco. Efeitos Jurídicos da Multiparentalidade. *Pensar*, v. 21, n. 3, p. 847-873, Fortaleza, set./dez. 2016. Disponível em: https://periodicos. unifor.br/rpen/issue/view/421. Acesso em: 15 set. 2021.

SILVA, Erica Barbosa; TARTUCE, Fernanda. Reconhecimento de Paternidade Socioafetiva no Cartório de Registro Civil: Mudanças Significativas. *Revista IBDFAM*: Família e Sucessões. v. 35, set./out. 2019.

SILVA, Regina Beatriz Tavares. O CNJ proibiu a multiparentalidade em Cartório de Registro Civil. *Jornal O Estado de São Paulo*. São Paulo. 18.04.2019. Disponível em: https://politica. estadao.com.br/blogs/fausto-macedo/o-cnj-proibiu-a-multiparentalidade-em-cartorio-de-registro-civil/. Acesso em: 02 fev. 2022.

PAIANO, Daniela Braga. *O direito de filiação nas famílias contemporâneas*. 2016. 292 p. Tese (Doutorado em Direito Civil) – Faculdade de Direito, Universidade de São Paulo, São Paulo, 2016. Acesso em: 09 fev. 2022.

PAIANO, Daniela B.; ESPOLADOR, Rita de C. R. A inserção da socioafetividade na proposta de alteração do Código Civil. *Migalhas das Civilistas*. Disponível em: https://www.migalhas. com.br/coluna/migalhas-das-civilistas/411647/insercao-da-socioafetividade-na-proposta-de-alteracao-do-codigo-civil. Acesso em: 24 jul. 2024.

TARTUCE, Flávio. Da extrajudicialização da parentalidade socioafetiva e da multiparentalidade. *Portal Migalhas*. Publicado em: 29 mar. 2017. Disponível em: https://www.migalhas.com.br/coluna/familia-e-sucessoes/256444/da-extrajudicializacao-da-parentalidade-socioafetiva-e-da-multiparentalidade. Acesso em: 20 fev. 2022.

TARTUCE, Flávio. Da impossibilidade de reconhecimento da multiparentalidade em casos de adoção prévia. *Portal Migalhas*. Publicado em: 25 jan. 2022. Disponível em: https://www.migalhas.com.br/coluna/familia-e-sucessoes/358629/impossibilidade-da-multiparentalidade-em-casos-de-adocao-previa. Acesso em: 08 mar. 2022.

TEPEDINO, Gustavo; TEIXEIRA, Ana Carolina B.; ALMEIDA, Vitor (Coord.). *O direito civil entre o sujeito e a pessoa*: estudos em homenagem ao professor Stefano Rodotà. Belo Horizonte: Fórum, 2016.

TEPEDINO, Gustavo; NEVARES, Ana Luiza Maia; MEIRELES, Rose Melo Vencelau. *Fundamentos do Direito Civil*. Rio de Janeiro: Forense, 2020. v. 7 – Direito das Sucessões.

VIANA, Marco Aurélio S. Da inseminação artificial. *Revista da Faculdade de Direito da Universidade Federal de Minas Gerais*. Belo Horizonte. v. 27, n. 21. p. 238-260. 1979.

LEIS, JULGADOS, RESOLUÇÕES, PROVIMENTOS E *SITES* DE BUSCA

ANOREG/BR. Cartório em números. 5. ed., 2023. Disponível em: Cartório em Números – ANOREG. Acesso em: 20 ago. 2024.

ARPENBrasil. Nota de esclarecimento acerca do Provimento 63 do CNJ. Disponível em: ARPEN-BR: Nota de Esclarecimento Provimento CNJ 63. 06 dez. 2017. Colégio Registral do Rio Grande do Sul (colegioregistralrs.org.br). Acesso em: 09 set. 2021.

BRASIL. Lei 8.069, de 13 de julho de 1990, institui o Estatuto da Criança e do Adolescente. Disponível em: https://www.planalto.gov.br/ccivil_03/leis/L8069.htm. Acesso em: 08 mar. 2022.

BRASIL. Lei 10.406 de 10 de janeiro de 2002. Código Civil. Disponível em: https://www.planalto.gov.br/ccivil_03/LEIS/2002/L10406compilada.htm. Acesso em: 16 mar. 2022.

BRASIL. Lei 11441 de 4 de janeiro de 2007. Altera dispositivos da Lei 5.869, de 11 de janeiro de 1973 – Código de Processo Civil, possibilitando a realização de inventário, partilha, separação consensual e divórcio consensual por via administrativa. Disponível em: https://www.planalto.gov.br/ccivil_03/_ato2007-2010/2007/lei/l11441.htm. Acesso em: 24 fev. 2022.

CONSELHO DA JUSTIÇA FEDERAL. Disponível em: https://www.cjf.jus.br/enunciados/enunciado/1181. Acesso em: 26 abr. 2022.

CONSELHO FEDERAL DE MEDICINA. Resolução 2320/2022. Normas éticas para a utilização das técnicas de reprodução assistida. Disponível em: sistemas.cfm.org.br. Acesso em: 24 jul. 2024.

CONSELHO FEDERAL DE MEDICINA. Resolução 2294 de 27.05.2021. Normas éticas para a utilização das técnicas de reprodução assistida. Disponível em: sistemas.cfm.org.br. Acesso em: 12 jul. 2021.

CONSELHO NACIONAL DE JUSTIÇA. Resolução n. 35 de 24 de abril de 2017. Disciplina a lavratura dos atos notariais relacionados a inventário, partilha, separação consensual, divórcio consensual e extinção consensual de união estável por via administrativa. (Redação dada pela Resolução 326, de 26.6.2020). Disponível em: https://atos.cnj.jus.br/files/compilado172958202007015efcc816b5a16.pdf. Acesso em: 24 fev. 2022.

CONSELHO NACIONAL DE JUSTIÇA. Provimento CNJ 12/2010. Disponível em: https://www.normasbrasil.com.br/norma/?id=94600. Acesso em: 24 fev. 2022.

CONSELHO NACIONAL DE JUSTIÇA. Provimento CNJ 16/2017. Disponível em: https://www.26notas.com.br/blog/?p=13976. Acesso em: 24 fev. 2022.

CONSELHO NACIONAL DE JUSTIÇA. Provimento CNJ 63 de 2017. Disponível em: https://www.26notas.com.br/blog/?p=13976. Acesso em: 1º fev. 2022.

CONSELHO NACIONAL DE JUSTIÇA. Provimento CNJ 83 de 2019. Disponível em: https://atos.cnj.jus.br/atos/detalhar/2975. Acesso em: 31 jan. 2022.

CONSELHO NACIONAL DE JUSTIÇA. Provimento CNJ 149 de 2023. Disponível em: Provimento CN-CNJ n. 149, de 30 de agosto de 2023 (irib.org.br). Acesso em: 16 ago. 2024.

JUSTIÇA FEDERAL DA 3ª. REGIÃO. 2ª Vara Federal de São Paulo. Disponível em: https://ibdfam.org.br/noticias/9703/Justi%C3%A7a+afasta+obrigatoriedade+do+doador+an%C3%B4nimo+e+autoriza+fertiliza%C3%A7%C3%A3o+in+vitro+com+flexibiliza%C3%A7%C3%A3o+de+resolu%C3%A7%C3%A3o+do+CFM. Acesso em: 1º jun. 2022.

PORTAL DA TRANSPARÊNCIA. Disponível em: https://transparencia.registrocivil.org.br/registros. Acesso em: 14 mar. 2022.

YOUTUBE. Pleno: Paternidade socioafetiva não exime de responsabilidade o pai biológico. Disponível em: https://www.youtube.com/watch?v=vMgMQ0DdVbE. Acesso em: 19 out. 2021.

TJGO. Sentença: duplapaternidade.pdf (tjgo.jus.br). Disponível em: https://www.tjgo.jus.br/index.php/institucional/centro-de-comunicacao-social/20-destaque/6716-dupla-paternidade-biologica-juiz-determina-que-gemeos-identicos-paguem-pensao-a-crianca. Acesso em: 09 mar. 2022.

TJGO. Tribunal de Justiça do Estado de Goiás. Cassada sentença que reconhecia dupla paternidade de irmãos gêmeos (tjgo.jus.br). Acesso em: 09 mar. 2022.

TJPR. Disponível em: Tjpr.jus.br/noticias. Mulher busca a Justiça para ser reconhecida como mãe de uma criança. Acesso em: 09 jul. 2021.

TJPR. Vara da Infância e da Juventude da Comarca de Cascavel/Pr. Sentença dos autos 0038958-54.2012.8.16.0021. Julgador: Dr. Sérgio Luiz Kreuz, julgada em 20 de fevereiro de 2013. Disponível em: SENTENCA_DUPLA_PARENTALIDADE___INICIAIS.pdf (flaviotartuce.adv.br). Acesso em: 04 abr. 2022.

TJSC. Apelação Cível 2011.027498-4, da Capital, rel. Luiz Fernando Boller, Quarta Câmara de Direito Civil, j. 22.09.2011). Disponível em: https://busca.tjsc.jus.br/jurisprudencia/#resultado_ancora. Acesso em: 09 fev. 2022.

TJSP. Apelação Cível 1001267-16.2020.8.26.0575; Relator (a): Maria de Lourdes Lopez Gil; Órgão Julgador: 7ª Câmara de Direito Privado; Foro de São José do Rio Pardo – 2ª Vara; Data do Julgamento: 27.06.2021; Data de Registro: 27.06.2021. Acesso em: 09 jul. 2021.

TJSP. Conflito de competência cível 0040236-38.2016.8.26.0000; Relator (a): Ademir Benedito (Vice Presidente); Órgão Julgador: Câmara Especial; Foro Central Cível - 2ª Vara de Registros Públicos; Data do Julgamento: 08.05.2017; Data de Registro: 11.05.2017. Este primeiro caso tratava de conflito negativo de competência para aferir qual vara seria a competente para o julgamento da demanda de multiparentalidade. Acesso em: 04 abr. 2022.

TJSP. Enunciado 21 da Escola Paulista da Magistratura. Disponível em: Escola Paulista da Magistratura (tjsp.jus.br). Acesso em: 16 mar. 2022.

TJRO. Vara cível da Comarca de Ariquemes. Sentença dos autos 0012530-95.2010.8.22.0002. Julgadora: Dra. Deisy Christian Lorena de Oliveira Ferraz, julgada em 13.03.2012. Disponível em: http://www.flaviotartuce.adv.br/assets/uploads/jurisprudencias/201204031216120. MULTIPARENTALIDADE_SENTENCARO.PDF. Acesso em: 04 abr. 2022.

STF. RE 898060/SC. Disponível em: https://jurisprudencia.stf.jus.br/pages/search/sjur371896/false. Acesso em: 1º out. 2021.

STJ. REsp 1333086/RO, Rel. Ministro Ricardo Villas Bôas Cueva, Terceira Turma, julgado em 06.10.2015, DJe 15.10.2015). Disponível em: https://scon.stj.jus.br/SCON/jurisprudencia/doc.jsp?livre=MULTIPARENTALIDADE&b=ACOR&p=false&l=10&i=6&operador=mesmo&tipo_visualizacao=RESUMO. Acesso em: 05 out. 2021.

STJ. REsp 1704972/CE, Rel. Ministro Ricardo Villas Bôas Cueva, Terceira Turma, julgado em 09.10.2018, DJe 15.10.2018. Disponível em: https://scon.stj.jus.br/SCON/jurisprudencia/doc.jsp?livre=MULTIPARENTALIDADE&b=ACOR&p=false&l=10&i=4&operador=mesmo&tipo_visualizacao=RESUMO. Acesso em: 05 out. 2021.

STJ. REsp 1608005/SC, Rel. Ministro Paulo De Tarso Sanseverino, Terceira Turma, julgado em 14.05.2019, DJe 21.05.2019. Disponível em: https://scon.stj.jus.br/SCON/jurisprudencia/doc.jsp?livre=MULTIPARENTALIDADE&b=ACOR&p=false&l=10&i=3&operador=mesmo&tipo_visualizacao=RESUMO. Acesso em: 05 out. 2021.

STJ. REsp 1829093/PR, Rel. Ministra Nancy Andrighi, Terceira Turma, julgado em 1º.06.2021, DJe 10.06.2021. Disponível em: https://processo.stj.jus.br/SCON/jurisprudencia/toc.jsp?livre=%28RESP.clas.+e+%40num%3D%221829093%22%29+ou+%28RESP+adj+%221829093%22%29.suce. Acesso em: 16 mar. 2022.

STJ. AgInt nos EDcl nos EDcl no REsp 1607056/SP, Rel. Ministro Luis Felipe Salomão, Quarta Turma, julgado em 15.10.2019, DJe 24.10.2019. Disponível em: https://scon.stj.jus.br/SCON/jurisprudencia/doc.jsp?livre=MULTIPARENTALIDADE&b=ACOR&p=false&l=10&i=2&operador=mesmo&tipo_visualizacao=RESUMO. Acesso em: 05 out. 2021.

STJ. REsp 1674849/RS, Rel. Ministro Marco Aurélio Bellizze, Terceira Turma, julgado em 17.04.2018, DJe 23.04.2018. Disponível em: https://scon.stj.jus.br/SCON/jurisprudencia/doc.jsp?livre=MULTIPARENTALIDADE&b=ACOR&p=false&l=10&i=5&operador=mesmo&tipo_visualizacao=RESUMO. Acesso em: 05 out. 2021.

STJ. REsp 1745411/RS, Rel. Ministro Marco Aurélio Bellizze, Terceira Turma, julgado em 17.08.2021, DJe 20.08.2021. Disponível em: https://scon.stj.jus.br/SCON/jurispruden-cia/doc.jsp?livre=MULTIPARENTALIDADE&b=ACOR&p=false&l=10&i=1&opera-dor=mesmo&tipo_visualizacao=RESUMO. Acesso em: 05 out. 2021.

STJ. Quarta Turma veda tratamento diferente entre pais biológico e socioafetivo no registro civil multiparental. Disponível em: https://www.stj.jus.br/sites/portalp/Paginas/Comunicacao/Noticias/04102021-Quarta-Turma-veda-tratamento-diferente-entre-pais-biologico-e--socioafetivo-no-registro-civil-multiparental.aspx. Acesso em: 04 out. 2021.

STJ. REsp 1487596/MG, Rel. Ministro Antonio Carlos Ferreira, Quarta Turma, julgado em 28/09/2021, DJe 1º.10.2021. Acesso em: 29 dez. 2021.

ANEXOS

ANEXO 1 – PRIMEIRA SENTENÇA RECONHECENDO A MULTIPARENTALIDADE (CASO ARIQUEMES)

TJRO. Vara cível da Comarca de Ariquemes. Sentença dos autos 0012530-95.2010.8.22.0002. Julgadora: Dra. Deisy Christian Lorena de Oliveira Ferraz, julgada em 13.03.2012. Disponível em: http://www.flaviotartuce.adv.br/assets/uploads/jurisprudencias/201204031216120.MULTIPARENTALIDADE_SENTENCARO.PDF. Acesso em: 04 abr. 2022.

PODER JUDICIÁRIO DO ESTADO DE RONDÔNIA
Ariquemes

FI. 73

Cad.

CONCLUSÃO
Aos 01 dias do mês de Dezembro de 2011, faço estes autos conclusos a Juíza de Direito Deisy Cristhian Lorena de Oliveira Ferraz. Eu, _____ Márcia Kanazawa - Escrivã(o) Judicial, escrevi conclusos.

Vara: XXXXXXXXX
Processo: XXXXXXXXXXXXXXXXXXXXXX
Classe: Procedimento Ordinário (Cível)
Requerente: XXXXXXXXXXX
Requerido: XXXXXXXXXXXXXXXXXXXXXXXXXXXXXXXXXXXXX

Vistos e examinados

XXXXX XXXXXX XXXXXX, qualificada e representada por sua genitora XXXXXXXXXXXXXXXXX, propôs ação de investigação de paternidade cumulada com anulação de registro civil em desfavor de XXXXXXXXXXXXXXXXXXXXXXXXXXXXXXX XXXXX XXXXXXX igualmente qualificados, alegando que sua genitora tornou-se companheira do primeiro requerido ainda na adolescência, cuja união perdurou por 4 anos (1996 a 2000), tempo de sua concepção havida em dezembro/1999. Sustentou que antes de tomar conhecimento da gestação sua mãe separou-se do primeiro requerido e passou a conviver com o segundo requerido, que ciente da situação, decidiu reconhecer juridicamente sua paternidade, convivendo juntos até seus 4 meses de vida. Ao tomar conhecimento da possibilidade de alterar seu registro de nascimento, sua genitora decidiu ajuizar a presente demanda para lançar o nome do pai biológico em seu assento de nascimento em substituição ao nome do segundo requerido. Pediu a procedência da ação. Juntou os documentos de fl. 12/16.

Pessoalmente citado (fl. 23), os requeridos não ofertaram resposta no prazo legal. Presente na audiência a autora, sua genitora e o primeiro requerido resolveram realizar o exame de DNA e, na dependência do resultado, formalizaram o pré-acordo de fl. 25.

Laudo pericial acostado à fl. 27/33. As partes anuíram com o resultado da perícia à fl. 34/36.

Estudo social realizado à fl. 42/46.

Parecer ministerial opinando pela parcial procedência da ação, conforme parecer lançado à fl. 49/72.

É o relatório. DECIDO.

Trata-se de ação de investigação de paternidade cumulada com anulatória de registro civil proposta pela autora em desfavor dos requeridos, ao argumento de falsidade na declaração de paternidade do segundo requerido e na certeza biológica da paternidade em relação ao primeiro. Eis o extrato da lide.

PODER JUDICIÁRIO DO ESTADO DE RONDÔNIA
Ariquemes

Fl. _74_
_C_

Cad.

Pessoalmente citados, os requeridos não ofertaram resposta no prazo legal. Todavia os efeitos da revelia em causas desta natureza são relativos, haja vista tratar-se de direito indisponível relativo ao estado de filiação.

Diante do relato inicial, a pretensão objetiva declarar a falsidade ideológica do reconhecimento da paternidade do requerido ▓▓▓▓▓▓▓▓▓▓▓▓ e investigar a paternidade biológica do requerido ▓▓▓▓▓▓▓▓▓▓▓▓▓.

Após compulsar detidamente os autos e analisar a complexidade da questão posta em julgamento, hei por bem fazer algumas ponderações.

Inicialmente constata-se que o parecer ministerial de fl. 49/72 traz à baila reflexões importantes acerca da filiação socioafetiva e biológica. O laborioso estudo mostra a grandiosidade do contexto em que está inserida a autora, que além da prova do laço consangüíneo, mantém relação estreita de afetividade com o pai registral.

A prova pericial de DNA acostada à fl. 27/33 mostrou resultado de praticamente certeza de que o requerido ▓▓▓▓▓▓▓▓▓▓▓▓▓▓ é o pai biológico da autora, que tem como mãe ▓▓▓▓▓▓▓▓▓▓▓▓▓. Neste ínterim é induvidoso que houve falsidade da declaração de paternidade do requerido ▓▓▓▓▓▓▓▓▓▓▓▓ em relação à autora, já que a prova coligida concluiu que este não é o pai biológico da infante, mas sim o requerido ▓▓▓▓▓. Inexiste, pois, vínculo biológico entre a autora e o requerido ▓▓▓▓▓.

Todavia, diante do estudo social e psicológico realizado nos autos apurou-se que não houve erro, dolo ou coação por parte do requerido ▓▓▓▓▓ ao reconhecer a paternidade da autora, mormente porque tinha ciência e era sabedor que não se tratava de sua filha biológica, mas de outrem. Cuida-se da chamada adoção à brasileira em que a pessoa decide adotar o filho de outra pessoa, ciente dessa realidade, mas o faz por meio de reconhecimento direto no próprio cartório, sem atender a legislação correlata da adoção propriamente dita.

E assim o fez na hipótese dos autos. Nascendo a autora, o requerido ▓▓▓▓▓ registrou-a como se sua filha fosse e com ela estabeleceu forte vínculo afetivo, e mesmo sabendo da inexistência de laços consangüíneos em comum, se considera como pai dela. E a recíproca é verdadeira. O estudo social e psicológico revelou que a autora nutre fortes laços de amor pelo pai registral, bem assim com sua família, reconhecendo no requerido ▓▓▓▓▓ e na avó paterna ▓▓▓▓ sua família de fato. É dos autos que o requerido ▓▓▓▓▓ mesmo após a separação com a genitora da autora, nunca abandonou a autora, tanto que em diversos momentos de adversidade enfrentados por esta, acolheu a filha registral na residência da genitora e avó paterna registral ▓▓▓▓ período relevante de aproximação e estreitamento dos laços de afetividade entre eles. Registre-se que esta avó registral foi quem cuidou da autora nos longos períodos de ausência da genitora, conforme relato do estudo social.

De outro norte, a autora conheceu o requerido ▓▓▓▓▓ somente na audiência de coleta do material para exame de DNA, em fevereiro/2011, e com seus 11 anos de idade, no início da adolescência mostrou-se feliz em contatar seu possível pai biológico. Com o resultado positivo da paternidade, o requerido ▓▓▓▓▓ se aproximou da autora, presenteando-a e levando-a para conhecer a família paterna na cidade de ▓▓▓▓▓, bem como declarou em audiência (fl. 25), o desejo de reconhecer a paternidade da mesma na

Documento assinado digitalmente em 13/03/2012 10:37:44 conforme MP nº 2.200-2/2001 de 24/08/2001.
Signatário: DEISY CRISTHIAN LORENA DE OLIVEIRA FERRAZ:1011766
Número Verificador: 1002.2010.0162.5581.37355 - Validar em www.tjro.jus.br/adoc

Pág. 2 de 5

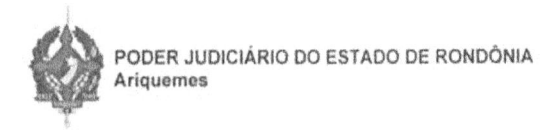

PODER JUDICIÁRIO DO ESTADO DE RONDÔNIA
Ariquemes

Fl. 75
C

Cad.

hipótese de positividade da paternidade.

Após ser ouvida pela assistente social e psicóloga do juízo, a autora demonstrou à equipe interprofissional compreender a complexidade da situação que está envolvida, verbalizando que sua família é a do requerido ✕✕✕✕, mas que com a aproximação do requerido ✕✕✕✕✕✕ também terá outra família para lhe acrescentar, demonstrando empolgação com a possibilidade de novas visitas na casa do pai biológico.

O parecer psicológico nos dá conta que a criança ✕✕✕✕ demonstrou maturidade para sua fase de desenvolvimento, compreende relativamente a complexidade da presente ação, e manifesta seu interesse na alteração de seu registro de nascimento trocando o nome do pai, todavia, percebe-se que mantém laços sólidos de afetividade com o requerido ✕✕✕✕ e sua família, reconhecendo-o como pai e pretende manter contato e vínculos com as duas figuras paternas em sua vida, pois os considera importantes (fl. 45/46).

Neste contexto, dessume-se que restou evidente o amor e carinho que a autora mantém com o requerido ✕✕✕✕, tornando clarividente a existência do forte laço paterno filial socioafetivo entre ambos. Ainda, o requerido ✕✕✕✕✕✕, pai biológico, apesar do distanciamento da autora até pouco tempo, deseja reconhecer a paternidade e tem buscado uma aproximação mais estreita, tanto o é que a autora já nutre afeto por ele.

Nesta seara, a pretendida declaração de inexistência do vínculo parental entre a autora e o pai registro afetivo fatalmente prejudicará seu interesse, que diga-se, tem prioridade absoluta, e assim também afronta a dignidade da pessoa humana. Não há motivo para ignorar o liame socioafetivo estabelecido durante anos na vida de uma criança, que cresceu e manteve o estado de filha com outra pessoa que não o seu pai biológico, sem se atentar para a evolução do conceito jurídico de filiação, como muito bem ponderou a representante do Ministério Público em seu laborioso estudo.

A questão demanda uma análise muito mais aprofundada da dinâmica social e uma releitura dos princípios constitucionais, em especial o da dignidade da pessoa humana. É certo que no ordenamento jurídico atual, a ligação socioafetiva consolidada entre pais e filhos deve ter proteção jurídica, não sendo permitido ao Estado ignorar as relações de fato estabelecidas no ECA está intimamente ligado com a afetividade, já que essa relação está recheada de afeto com vistas ao bom desenvolvimento moral, espiritual e social.

No caso *sub judice* restou evidente que a pretensão da declaração de inexistência do vínculo parental entre a autora e o requerido ✕✕✕✕ partiu da sua genitora, que na tentativa de corrigir "erros do passado", pretende ver reconhecida a verdade biológica, sem se atentar para o melhor interesse de sua própria filha, que já revelou ter na figura de ✕✕✕✕ seu pai. Este, por sua vez, não manifestou interesse algum em negar a paternidade, tanto o é que em contato direto com a autora verbalizou que mesmo ciente da ausência do vínculo de sangue, que a considerava como sua filha e a amava muito. Resultado: ambos se amam e isto basta para conceder efeitos jurídicos à paternidade socioafetiva para preservar o melhor interesse da menor.

No tocante à questão jurídica e de fundo desta demanda, a discussão da existência de dois pais no assento de nascimento da criança tem tomado corpo nos últimos

Documento assinado digitalmente em 13/03/2012 10:37:44 conforme MP nº 2.200-2/2001 de 24/08/2001.
Signatário: DEISY CRISTHIAN LORENA DE OLIVEIRA FERRAZ:1011766
Número Verificador: 1002.2010.0162.5581.37355 - Validar em www.tjro.jus.br/adoc

Pág. 3 de 5

PODER JUDICIÁRIO DO ESTADO DE RONDÔNIA
Ariquemes

FI. 76
C

Cad.

anos. A relevância da relação socioafetiva, que em certos casos, se sobrepõe à biológica, tem autorizado o reconhecimento da existência de ambos os vínculos. Em caso como o presente, em que o pai registral resolveu reconhecer a paternidade da criança, mesmo sabedor da inexistência do vínculo sanguíneo, e durante longos anos de sua vida lhe prestou toda assistência material e afetiva, não abandonando-a, mesmo após a separação da genitora, merece respeito e reconhecimento pelo Estado.

Situações semelhantes tem surgido nos vários tribunais nas relações homoafetivas, em que a criança gerada ou adotada tem em seu assento de nascimento registrado duas mães ou dois pais. Faço minha as palavras da Ministra **NANCY ANDRIGHI** no julgado colacionado pelo MP á fl. 64/67:

"...No ato do reconhecimento, duas "verdades", biológica e sócioafetiva, antagonizavam e o de cujus optou por reconhecer a recorrente como se fosse sua filha, muito embora não fosse seu genitor. Tem aqui um pai que quis reconhecer a filha como se sua fosse e uma filha que aceitou tal filiação. Não houve dissenso entre pai e filha que conviveram, juntamente com a mãe até o falecimento. Ao contrário, a longa relação de criação se consolidou no reconhecimento de paternidade ora questionado em juízo. Assim, como ocorreu na hipótese sub judice, a paternidade sócio-afetiva pode estar, hoje, presente em milhares de lares brasileiros. O julgador não pode fechar os olhos a esta realidade que se impõe e o direito não deve deixar de lhe atribuir efeitos..." (Recurso Especial n. 878.941-DF) grifo meu

Diante de todo o exposto e a singularidade da causa, é mister considerar a manifestação de vontade da autora no sentido de que possui dois pais, aliado ao fato que o requerido XXXXX não deseja negar a paternidade afetiva e o requerido XXXXX pretende reconhecer a paternidade biológica, e acolher a proposta ministerial de reconhecimento da dupla paternidade registral da autora.

Posto isso, **JULGO PARCIALMENTE PROCEDENTE** o pedido inicial formulado por XXXXXXXXXXXXXXXX em desfavor de XXXXXXXXXXXXXXXX e XXXXXXXXXXXXXXXX, e o faço para manter a declaração de paternidade de XXXXXXXXXXXXXXXX em relação à autora perante o registro civil, e também declarar XXXXXXXXXXXXXXXX o pai biológico da autora. Ainda, homologo o acordo de fl. 25, em que ficou convencionado que o requerido XXXXX pagará pensão alimenticia a favor da autora no importe de 30% (trinta por cento) do salário minimo, que deverá ser paga todo dia 10 de cada mês, mediante depósito na conta poupança n. 9943-0, via 023, agência 1831 da Caixa Econômica Federal, com inicio a partir de abril/2012. O requerido XXXXX arcará, ainda, com 50% das despesas médicas hospitalares, mediante apresentação de receita médica, bem como com 50% das despesas com material e uniforme escolar, sempre que se fizer necessário. As visitas serão livres. O requerido XXXXX deverá reembolsar a genitora da autora em 50% das despesas com a prova pericial (R$ 140,00), conforme acordado à fl. 25. Por conseguinte, declaro extinto o feito, com resolução do mérito e fundamento no art. 269, I do Código de Processo Civil. Ante a sucumbência recíproca, as custas serão pro rata e cada parte arcará com os honorários de seus patronos.

Serve a presente de mandado de averbação ao Cartório de Registro Civil de Pessoais Naturais de Jaru/RO, para acrescentar no assento de nascimento n. 45.767, fl. 184 do Livro A-097, o nome de XXXXXXXXXXXXXXXX na condição de genitor, e de

Documento assinado digitalmente em 13/03/2012 10:37:44 conforme MP nº 2.200-2/2001 de 24/08/2001.
Signatário: *DEISY CRISTHIAN LORENA DE OLIVEIRA FERRAZ:1011766*
Número Verificador: 1002.2019.0162.5581.37355 - Validar em www.tjro.jus.br/adoc

Pág. 4 de 5

 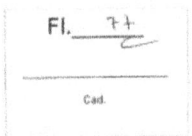

PODER JUDICIÁRIO DO ESTADO DE RONDÔNIA
Ariquemes

Fl. ____

Cad.

seus pais na qualidade de avós paternos, sem prejuízo da paternidade já reconhecida por ~~XXXXXXXXXXXXXX~~ passando a autora a chamar-se: ~~XXXXXXXXXXXXXX~~ ~~XXXXXXXX~~

Com o trânsito em julgado, se nada for requerido, arquive-se.

P.R.I.C.

Ariquemes-RO, terça-feira, 13 de março de 2012.

Deisy Cristhian Lorena de Oliveira Ferraz
Juíza de Direito

REGISTRO NO LIVRO DIGITAL
Certifico e dou fé que a sentença retro, mediante lançamento automático, foi registrada no livro eletrônico sob o número 460/2012.

CERTIDÃO

Proc.: 0012530-95.2010.8.22.0002

Certifico e dou fé que a sentença foi disponibilizado(a) no DJ Nº 48 de 14/03/2012, considerando-se como data de publicação o dia 15/03/2012, primeiro dia útil posterior à disponibilização, iniciando-se a contagem do prazo processual em 16/03/2012, primeiro dia útil seguinte à data considerada de publicação (artigo 4º, §§ 3º e 4º, da Lei n. 11.419/2006, c/c art. 6º, caput e § 1º, da Resolução n. 007/2007-PR-TJRO).

Ariquemes/RO, 13/03/2012.

CARGA

Faço carga destes autos ao (à)

Dra Geusa.

Ariquemes/RO. 16 /03/12

ciente da sentença de fls 73/77.

em 19/[illegible]

OAB - 4526-RO

INTIMAÇÃO

Intimei o Dr (a) M P

por cópia e certidões da despacho/

sentença/ao teor de f. 33

Ariquemes/RO. 23 / 03 / 2012

ANEXO 2 – DOCUMENTO DE RECONHECIMENTO DE FILIAÇÃO SOCIOAFETIVA EM CARTÓRIO (PROVIMENTO 149/2023 DO CNJ)

Disponível em: TERMO-DE-RECONHECIMENTO-DE-FILIACAO-SO-CIOAFETIVA-1.pdf (cartoriotatuape.com.br).

RECONHECIMENTO DE FILIAÇÃO SOCIOAFETIVA
Provimento 149/2023 – Conselho Nacional de Justiça

Dados daquele(a) que irá reconhecer:

NOME COMPLETO: _____

NACIONALIDADE: _____ NATURALIDADE: _____

MUNICÍPIO DE NASCIMENTO: _____

DATA DE NASCIMENTO: _____ ESTADO CIVIL: _____

PROFISSÃO: _____ RG _____ CPF _____

RUA/AVENIDA DE RESIDÊNCIA: _____

Nº DA CASA: _____ Nº DO APARTAMENTO: _____ CEP: _____

MUNICÍPIO DE RESIDÊNCIA: _____ CELULAR: _____

TELEFONE FIXO: _____ E-MAIL: _____

FILIAÇÃO (NOME DOS PAIS): _____

_____

Dados para identificação induvidosa do filho(a) reconhecido (a)

NOME COMPLETO do filho(a): _____

CARTÓRIO ONDE FOI REGISTRADO: _____

DATA DE NASCIMENTO do filho(a): _____

LIVRO, FOLHA E TERMO do registro: _____

Declaração da pessoa que realiza o reconhecimento: DECLARO, sob as penas da lei, que:
1 – a filiação socioafetiva ora afirmada é verdadeira e que RECONHEÇO meu(minha) filho(a) SOCIOAFETIVO acima identificado(a);
2 – o reconhecimento da filiação socioafetiva ou adoção NÃO foi pleiteado em juízo;
3 – não há vínculo de parentesco biológico na linha de ascendente ou de irmãos com o(a) filho(a) reconhecido(a);
4 – possuo diferença de idade em, no mínimo, 16 anos com o(a) filho(a) reconhecido(a);
5 – tenho conhecimento que o(a) filho(a) reconhecido(a) passará a ter todos os direitos legais de filho, inclusive os direitos sucessórios, em igualdade com os filhos biológicos ou adotados, sem distinção;
6 – tenho ciência de que o reconhecimento é irrevogável nos termos do art. 1.610 do vigente Código Civil;
7 – apenas pessoas acima de 12 anos podem ser reconhecidas socioafetivamente de forma administrativa, ou seja, diretamente no Cartório.

NOME QUE O(A) FILHO(A) PASSARÁ A USAR: _____

Por ser expressão da verdade, firmo o presente termo.

São Paulo, DIA: _____ MÊS: _____ ANO: _____

_____
assinatura por extenso da pessoa que reconhece o(a) filho(a)

Anuência do filho (apenas maiores de 12 anos podem ser reconhecidos socioafetivamente em Cartório):

NOME COMPLETO: _____

_____
assinatura por extenso do filho(a) que é reconhecido(a)
DEMAIS ANUÊNCIAS ESTÃO NO VERSO

Dados daquele(a) que anui (concorda) com o reconhecimento de filho(a) socioafetivo(a):

NOME COMPLETO:_____

NACIONALIDADE: _____ NATURALIDADE: _____

MUNICÍPIO DE NASCIMENTO: _____

DATA DE NASCIMENTO: _____ ESTADO CIVIL: _____

PROFISSÃO:_____ RG _____ CPF _____

RUA/AVENIDA DE RESIDÊNCIA: _____

Nº DA CASA: _____ Nº DO APARTAMENTO: _____ CEP: _____

MUNICÍPIO DE RESIDÊNCIA: _____ CELULAR: _____

TELEFONE FIXO: _____ E-MAIL: _____

FILIAÇÃO (NOME DOS PAIS): _____

_____

_____
assinatura por extenso daquele(a) que anui (concorda)

Dados daquele(a) que anui (concorda) com o reconhecimento de filho(a) socioafetivo(a):

NOME COMPLETO:_____

NACIONALIDADE: _____ NATURALIDADE: _____

MUNICÍPIO DE NASCIMENTO: _____

DATA DE NASCIMENTO: _____ ESTADO CIVIL: _____

PROFISSÃO:_____ RG _____ CPF _____

RUA/AVENIDA DE RESIDÊNCIA: _____

Nº DA CASA: _____ Nº DO APARTAMENTO: _____ CEP: _____

MUNICÍPIO DE RESIDÊNCIA: _____ CELULAR: _____

TELEFONE FIXO: _____ E-MAIL: _____

FILIAÇÃO (NOME DOS PAIS): _____

_____

_____
assinatura por extenso daquele(a) que anui (concorda)

Certifico que as assinaturas supras e retros foram apostas em minha presença. Dou fé.

ANEXO 3 – DOCUMENTO DE RECONHECIMENTO DE FILIAÇÃO BIOLÓGICA EM CARTÓRIO (PROVIMENTO 149/2023 DO CNJ)

Disponível em: TERMO-DE-RECONHECIMENTO-DE-FILIACAO-BIO-LOGICA-1.pdf (cartoriotatuape.com.br).

RECONHECIMENTO DE FILIAÇÃO BIOLÓGICA
Provimento nº 149/2023 – Conselho Nacional de Justiça

<u>Dados daquele(a) que irá reconhecer:</u>

NOME COMPLETO:_____

NACIONALIDADE: _____ NATURALIDADE: _____

MUNICÍPIO DE NASCIMENTO: _____

DATA DE NASCIMENTO: _____ ESTADO CIVIL: _____

PROFISSÃO:_____ RG _____ CPF _____

RUA/AVENIDA DE RESIDÊNCIA: _____

Nº DA CASA: _____ Nº DO APARTAMENTO: _____ CEP: _____

MUNICÍPIO DE RESIDÊNCIA: _____ CELULAR: _____

TELEFONE FIXO: _____ E-MAIL: _____

FILIAÇÃO (NOME DOS PAIS): _____

_____

<u>Dados para identificação induvidosa do filho(a) BIOLÓGICO(A) reconhecido(a)</u>

NOME COMPLETO do filho(a):_____

CARTÓRIO ONDE FOI REGISTRADO: _____

DATA DE NASCIMENTO do filho(a):_____

LIVRO, FOLHA E TERMO do registro: _____

<u>Declaração da pessoa que realiza o reconhecimento: DECLARO, sob as penas da lei, que:</u>
1 – a filiação BIOLÓGICA ora afirmada é verdadeira e que RECONHEÇO meu(minha) filho(a) BIOLÓGICO(A) acima identificado(a);
2 – tenho ciência de que o reconhecimento é irrevogável nos termos do art. 1.610 do vigente Código Civil;
3 – tenho ciência de que o reconhecimento é feito em conformidade com o que dispõe o artigo 1º, inciso II, da Lei 8.560/92; os artigos 1.607 e 1.609, inciso II, do Código Civil; e o artigo 7º do Provimento 16/2012 do Conselho Nacional de Justiça.

NOME QUE O(A) FILHO(A) PASSARÁ A USAR: _____

_____.

Por ser expressão da verdade, firmo o presente termo.

São Paulo, DIA: _____ MÊS: _____ ANO: _____

_____
assinatura por extenso da pessoa que reconhece o(a) filho(a)

Certifico que a assinatura supra foi aposta em minha presença. Dou fé.

Dados daquele(a) que anui (concorda) com o reconhecimento de filho(a) BIOLÓGICO(A):

NOME COMPLETO:_____

NACIONALIDADE: _____ NATURALIDADE: _____

MUNICÍPIO DE NASCIMENTO: _____

DATA DE NASCIMENTO: _____ ESTADO CIVIL: _____

PROFISSÃO:_____ RG _____ CPF _____

RUA/AVENIDA DE RESIDÊNCIA: _____

Nº DA CASA: _____ Nº DO APARTAMENTO: _____ BAIRRO: _____

MUNICÍPIO DE RESIDÊNCIA: _____ CELULAR: _____

TELEFONE FIXO: _____ E-MAIL: _____

FILIAÇÃO (NOME DOS PAIS): _____

_____

_____
assinatura por extenso daquele(a) que anui (concorda)

Dados daquele(a) que anui (concorda) com o reconhecimento de filho(a) BIOLÓGICO(A):

NOME COMPLETO:_____

NACIONALIDADE: _____ NATURALIDADE: _____

MUNICÍPIO DE NASCIMENTO: _____

DATA DE NASCIMENTO: _____ ESTADO CIVIL: _____

PROFISSÃO:_____ RG _____ CPF _____

RUA/AVENIDA DE RESIDÊNCIA: _____

Nº DA CASA: _____ Nº DO APARTAMENTO: _____ BAIRRO: _____

MUNICÍPIO DE RESIDÊNCIA: _____ CELULAR: _____

TELEFONE FIXO: _____ E-MAIL: _____

FILIAÇÃO (NOME DOS PAIS): _____

_____

_____
assinatura por extenso daquele(a) que anui (concorda)

Certifico que a(s) assinatura(s) supra(s) foi(ram) aposta(s) em minha presença. Dou fé.

ANEXO 4 – RECONHECIMENTO DE FILHO SOCIOAFETIVO – FORMULÁRIO DE PERGUNTAS

Disponível em: Microsoft Word - RECONHECIMENTO DE FILHO SO-CIOAFETIVO – FORMULÁRIO DE PERGUNTAS (cartoriotatuape.com.br).

RECONHECIMENTO DE FILHO SOCIOAFETIVO – FORMULÁRIO DE PERGUNTAS

Prezados, tendo em vista o pedido de reconhecimento de filho socioafetivo, solicito que responda, em papel separado e detalhadamente, às questões abaixo, e apresente o documento mencionado na pergunta ou justifique a ausência do documento. Quando vier entregar as respostas abaixo, deverá assinar na frente do escrevente. Além das perguntas, há também solicitações de apresentação de cartas e declarações que estão ao final.

Perguntas a serem respondidas pelo pai/mãe socioafetivo:

1 – Tem algum apontamento escolar em que o pai ou mãe socioafetivo assinou como responsável ou representante do aluno (filho socioafetivo)?

2 – O pai ou mãe socioafetivo tem o filho socioafetivo em plano de saúde?

3 – O pai ou mãe socioafetivo tem o filho socioafetivo como dependente em algum órgão de previdência?

4 – Há algum documento oficial que comprove que o pai ou mãe socioafetivo reside no mesmo endereço do filho socioafetivo?

5 – O pai ou mãe socioafetivo é casado ou vive em união estável com algum dos genitores biológicos do filho socioafetivo?

6 – O filho socioafetivo está inscrito como dependente do pai ou mãe socioafetivo em alguma entidade associativa?

7 – Há fotografias em celebrações relevantes em que o filho socioafetivo aparece junto ao pai ou mãe socioafetivo? Juntar cópia da foto, mencionando onde, qual e quando foi o evento.

Solicitações a serem atendidas pelo pai/mãe socioafetivo, pelo(a) filho(a) socioafetivo(a) e por duas testemunhas:

8 – Apresentar uma carta feita pelo pai ou mãe socioafetivo contando a história de convivência que gerou o vínculo de socioafetividade. Pode ser feita de próprio punho ou impressa. Deve ser assinada aqui no cartório na presença do escrevente.

9 – Apresentar uma carta feita pelo filho socioafetivo contando a história de convivência que gerou o vínculo de socioafetividade. Deve ser assinada aqui no cartório na presença do escrevente.

10 – Declarações de duas testemunhas (pode ser em papel separado) contando a história de convivência entre o pai ou mãe socioafetivo e o filho que está sendo reconhecido. Deve ser assinada aqui no cartório na presença do escrevente (neste caso, deverá trazer um documento de identificação) ou já ter a firma reconhecida.

ANOTAÇÕES